單體女優

獻給AV的16年

吉澤明步

瑞昇文化

応援ありがとう♡
たくさんの気持ちを込めて
本にしました
もっと私を知ってね!!!

Akiより

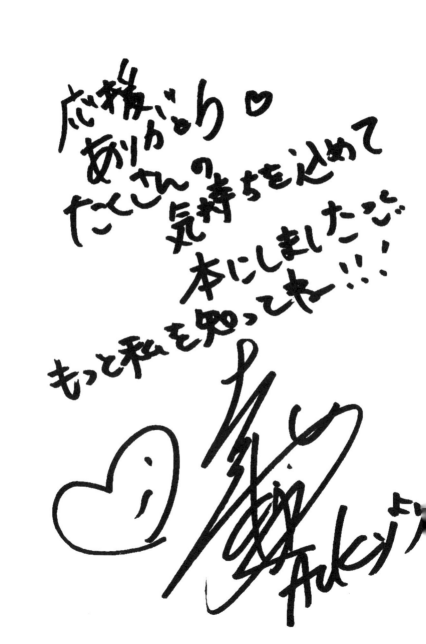

♡♡♡♡♡

感謝各位的支持♡
為了讓大家更了解我，
我在本書中傾注了莫大的情感哦丶((>ω<))ノ

吉澤明步

前言

在成為 AV 女優之前，我只和兩名男性發生過關係。

親吻，或是赤身裸體擁抱彼此，都是相當令人開心的事。

可是，當私處被人觸碰的時候，就讓我羞恥得無地自容。

我覺得舔陰之類的舉動是愛的證明，所以會逼自己忍耐。

做愛時，我從不覺得舒服。

因為我也不會自慰，所以也不了解達到高潮是什麼樣的感覺。

這樣的我，有幸以單體 AV 女優的身分、在這個業界工作了十六年，還主演過三百部以上的作品。據說我作為單體女優進行活動的期間以及主演的作品數量，也都創下了日本紀錄。

這都是多虧了所屬事務所的社長、經紀人、導演、工作人員、男優，還有最重要的眾多粉絲們。我心裡只有無盡的感謝。

這十六年間，我在拍攝 AV 時也有絕對不去碰觸的題材。

那就是「無套」、「中出」、「蕾絲邊」、「肛交」。

我在生理層面無法接受蕾絲邊和肛交。

而無套和中出，我認為那是身為女性能否允許的底線。

也許大家會萌生「一個 AV 女優說這是什麼話？」這樣的感想，不過性愛原本也是為了孕育生命而進行的生殖行為，所以我認為那是非常神聖的事。

雖然我沒有否定為了表現愛情和追求快樂的性愛，但自己的內心一直有種感覺，中出——也就是體內射精，並不是能隨便玩玩的行為。如果沒有做好為新生命負責的覺悟，就絕對不能這麼做，直到現在，我依然是這麼認為的。

所以我在私生活領域也不會讓交往的戀人中出。

然而從數年前開始，無套、中出已經在 AV 的世界裡變成了一種專題類型。讓新人 AV 女優「中出出道」似乎也是理所當然的事。

如大家所知，AV 為日本人的性愛帶來了極大的影響。

當然拍攝時對於避孕肯定會有所因應，既然如此，為何還要特意在作品標題強調中出呢……我對其中的必要性感到疑惑。

在當今的網路社會，性經驗很淺的年輕人也能輕易地獲得AV的資訊。如果他（她）們看了那些說著「射吧，直接射在裡面！」等台詞的AV作品，別說會認為「中出有什麼關係」了，應該會覺得「中出會讓女孩子更舒服」。

我對此抱持著一種不搭調的感受。

還有「潮吹」這種AV獨有的「華麗表現畫面」，或許也對年輕人的性愛觀造成了影響。我認為甚至催生出一種風潮，那就是男人必須得讓女人潮吹。越是認真的男孩，就越會認定讓女性潮吹是作為男人的使命，也許還會因而感受到壓力。

潮吹和女性快感同步的想法幾乎是錯誤的。即使男性讓女性潮吹能獲得成就感，但是會因此高潮的女性應該並不多。

那就像是生理現象，個人差異極大。雖然也有會驚人地滿溢狂噴的女優，不過我是很難潮吹的體質。儘管我拜加藤鷹先生的金手指所賜，在出道作第一次體驗了潮吹，但當時我只是嚇得目瞪口呆。

因為的確能拍到華麗的影像，所以潮吹作為AV的精彩場面也是個重要部分。

不過，因為男優裡面也有很笨拙的人，所以我一邊想著：「痛死了，快點結束啊。」、一邊展現「要出來了，要出來了」這類演技的情況也不少。

然而，後來開發出「潮吹機器」這種裝置，即使沒有真的潮吹，也能拍出更盛大的演出畫面。真的令我鬆了一口氣。

這些表演也都是AV的性愛。在AV業界生存的人，不只是演出作品的女優和男優，所有的工作人員都在拚命地描繪性愛。

所有的人都是為了製作「好尻的作品」而努力。這一點是無庸置疑的。

我希望能把自己在那樣的AV世界所活過的半生，都寫進這本書裡。

當然也曾發生過討厭的事。失去的事物更是多不勝數。可是，不論是性愛的愉悅、還是受人喜愛的喜悅，都是AV教會我的事。

在引退已經一年的現今，我覺得能成為AV女優真的是太好了。

若是在讀了我十六年來認真做愛的故事，若能成為大家重新思考自己性愛觀的機會，將是我無比的幸福。

二〇二〇年三月　吉澤明步

單體女優　獻給AV的16年　目錄

第 1 章

A V 女優未滿

發掘

日韓世界盃足球賽舉行的二〇〇二年——。

那是個熱氣騰騰、炎熱且潮濕的空氣甩也甩不開的某個七月的傍晚。

我辦完事情後，正走在前往新宿站東口的路上。

因為是東京都還未以防止騷擾條例（二〇〇五年四月）禁止發掘行為的年代，所以從歌舞伎町到新宿東口，AV、風俗店和特種行業的星探都在路旁一字排開，對年輕女孩一個勁兒地搭訕。

「欸欸，你好可愛啊。」

我被星探搭訕時都只會拋下一句「我在趕時間」，而且也不停下腳步，只會邊走邊收下那些糾纏不休的人所遞出的名片，不會留下自己的聯繫方式。

此外，也會有大叔看準星探搭訕的空檔，提出「一個月五十萬如何？」之類的奇怪邀約，像我們這樣的女孩子只能像飛也似地拔腿快步離開。

星探之中有很多像男公關一樣穿著浮誇、態度輕浮的男性。

但就在某一天——

「妳對女優（女演員）的工作有興趣嗎？」

向我搭訕的男性，是個西裝筆挺、年紀大約落在四十多歲左右的「大叔」。

也許是酷暑讓我腦袋昏昏沉沉的，當下的對方看起來是個非常誠懇的人。

「假如方便的話，要不要去那間咖啡廳聊聊？」

我剛好也覺得口渴。

「……好。」

這也可說是一種命運吧？

雖然我已經忘了他的名字，不過要是我沒有在那時被他喊住，就不會有「AV女優・吉澤明步」。換言之，現在的我或許就會走上截然不同的人生。

「如果妳有興趣的話，我可以介紹藝能事務所給妳。」

經他這麼一說，我的確對女優的工作有興趣。

說到我對演藝圈的感想，我記得自己在幼稚園的時候很崇拜森高千里。

不管是閃閃發光的舞台，還是像洋娃娃般的衣裝打扮，就像是所有女孩們都單純地對公主抱持憧憬，我覺得就是那樣的心情。

高中時，我在看了週一晚間播出的9點連續劇《大和拜金女》之後，內心深深地被打動了。

飾演空姐女主角的松嶋菜菜子小姐，她的演技令我深受感動，能讓人產生這種情緒的女優真是厲害。這讓我萌生了想嘗試看看的念頭。

可是，我不知道該怎麼做才能成為女優，也不曉得自己能否當上女優。那感覺是個離我相當遙遠的世界。

不過，現在眼前的這位大叔說要介紹藝能事務所給我。

「那我先安排面試，之後再聯絡妳。」

總覺得演藝圈突然觸手可及了。

當時我為了成為護理師，所以正在護理專門學校讀書。

當然，我覺得護理師是種很棒的職業，不過那個時候我正在抱著「就這樣步上軌道變成大人不會後悔嗎？」的思緒，為自己的未來出路所煩惱著。

適逢暑假即將來臨的這個時期，或許也使我的內心不安穩也說不定。

不要錯過機會。相信自己的可能性。宛如升學補習班宣傳口號的話語在我腦中轉個不停。於是——

「請多……指教。」

我這樣回答。

也許，在我心中想成為女優的心情，遠比自己想像的還要強烈。

大叔星探很快就和我聯絡了。他確實介紹了幾家事務所給我。雖然不管哪間都是小型的工作室，但全都是正派經營的公司。在那裡也能看到幾個女生，並沒有可疑的感覺。

我大概跑了四間公司。大致上都是和像是社長的人面試、填寫簡單的履歷表之類的文件、還有拍攝半身照。

總之我非常緊張。光是回答問題就竭盡全力。

在那之中也有現在我所屬的事務所。因為是製作公司兼模特兒事務所，我和雙方的負責人，製作公司社長 S 先生以及事務所社長 T 先生進行面試。日後為了推銷「吉澤明步」而投入莫大努力的兩位，對我來說是非常重要的恩人。

然後，在四處面試的事務所之中，我對這間公司的印象最好。如果要加入的話，我隱隱約約覺得這裡是最好的。

不過，那裡的寫真集堆積如山，而且看起來像是裸體寫真集，因此我有點在意：「是那種事務所嗎？」後來我才知道，那是當時事務所旗下人氣第一的早坂瞳的寫真集。

但現在回想起來，當時星探大叔帶我去過的地方全都是 AV 事務所呢。

而且後來我才發覺，這位大叔還是個騙子。

某一天，他也藉著面試之名把我叫出來，我們兩個一起坐上計程車。

「還有一點時間，我們去兜風吧。」

我心想竟然坐計程車兜風，這也太有錢了吧！當時車子正在灣岸線上行駛。

「啊，司機先生，在下一個交流道下去，然後請開到〇〇飯店。」

那是我從未踏入的高級飯店。我以為他大概是要請我吃飯，還悠哉地想著：「這種地方的餐廳令人緊張呢。」

「我訂了房間，走吧。」

大叔走過來對著在大廳等候的我說道。

這是怎麼回事？

因為大叔說得一副理所當然的樣子，我也莫名其妙地跟著走到房間。一踏進房間，大叔的表情就突然變了。

「我介紹給妳的都是不錯的事務所吧？嗯，總之今天先把工作丟一邊。」

他把我推倒在床上時，我才終於驚覺，大叔根本不是要請我吃飯，而是想要吃掉我。

我在 King Size 的床鋪上拚命抵抗撲上來的大叔。

「不要！我都說不要了……」

最後身體擅自行動，我像是要扔出去一樣地把大叔推開。

摔了個大筋斗的大叔一臉驚訝地看著我。

「受您照顧了。告辭。」

我在走廊狂奔，同時第一次覺得中學時有參加柔道社真是太好了。

因為那時候我已經決定不念護理專門學校了，所以我聯絡印象最好、也是現在所屬的這間事務所，找他們商量星探大叔的事。

他們馬上就和我商量，在那之後，大叔就此斷了音訊。

於是，我決定加入現在的事務所。

據他們表示，S 先生和 T 先生在我來面試的時候，不知為何就覺得我會在這裡工作了，所以已經著手進行出道的準備。

以演藝圈出道為目標的營業活動，就從這裡啟動了。

不管是S先生還是T先生，在各種業界的人面都很廣，所以像電視台導播、大型出版社編輯、音樂圈的大人物等等，我都得以和這些人士以像是試鏡的感覺會面，或是聽取他們的意見，就此展開活動。

之後在見過面的製作公司製作人的介紹下，我實際接到工作，在綜合類型節目的重現劇中有多次演出的機會。

不過，我無法從中獲得回饋。完全不能感受到與將來有所連結的可能性。我只是領會到自己的認知實在太過天真了。我完全不具備能和已經非常活躍的藝人前輩們一決勝負的武器。

雖說想成為女優，但是我也沒學過演戲。

儘管我也表示願意拍攝寫真照，卻沒想到世上被稱為寫真模特兒的女性竟然有如此之多。

我也非常不擅長唱歌跳舞……那麼，我該做些什麼才好呢？

和我面試的人士，每一個都是專家中的專家，他們應該早就預料到這點了吧。

「那麼，要加油喔。」但大家卻都只是像這樣鼓勵我。

怎麼會這樣？這種幾乎無益的營業活動就這樣持續了兩個月左右。不多學點東西可不成。必須要累積更多經驗。但我心裡越是焦急，就越不知該如何是好。這也令我感到越來越沮喪。

就像在斟酌時機似的，T 先生這麼說道：

「今後的時代，把裸體的工作當成跳板，也是常有的事。」

後來仔細一想，將這點也計算在內，大概也算是 S 先生和 T 先生的「準備」程序吧。

我完全陷入了「大人的計謀」。雖說如此，他們也沒有強迫我就這樣接下 AV 演出的工作，而是和我深談了很久。

其中最能觸動我的心的，是飯島愛小姐的故事。

S 先生曾經和 AV 女優時代的飯島小姐共事過，他說了很多小插曲和成功的故事。

我也讀過二〇〇〇年發售的那本超人氣暢銷書《柏拉圖式性愛》。

並且，飯島小姐的精彩人生使我內心受到震撼。「我曾經是 AV 女優啊，但那又如何？」飯島小姐就像這樣堂堂正正地在電視等螢光幕上活躍著，作為一個女人，我對她的這番風範感到萬分敬佩。

我覺得AV女優前輩・飯島愛的存在感果然很強烈。

既然要從事這一行，用坦誠相見的工作一次定勝負也不錯——我開始萌生這樣的心情。那絕非是退無可退後決定的選擇。

其實，和星探大叔四處去事務所面試時，我曾經向護理專門學校裡感情不錯的朋友提過：「我想進事務所工作。」

她設身處地地替我擔心。

「會不會是危險的地方啊？最好確實調查過喔。」

她所說的危險地方，顯然就是指AV事務所。就結果來說，在那之後沒過多久，我就在AV事務所設籍，不過我實在不覺得那裡是她口中的危險場所。

正因為S先生和T先生為我著想，所以才會先帶我見識藝能界的圈內面貌，讓我了解沒有簡單到就此行得通，然後才提出拍攝AV的建議吧。

事務所的工作人員也都是些普通人，擔任會計的女性同仁也非常親切。

感覺AV的世界並不像世人所想像得那麼危險可怕。

而且我在暑假過後，為了斬斷自己的退路，就從護理專門學校休學了。

我對先前商量過的朋友說：「我還是想在演藝圈努力，實現自己的夢想。」當然她還是阻止我了。即便如此，我還是說著：「沒問題啦。」然後一腳踏進了演藝圈，但我什麼也不會。無法當成踏實的工作，無所適從的心情也越來越強烈，要是被大家知道了又會變得如何？我心裡非常恐懼。

總之必須工作才行──在我的思考中，「成為 AV 女優，一切就會順風滿帆了」的想像也逐漸成形。

我決定相信自己，投身於坦誠相見的工作。

「我想要工作。我願意脫掉衣服。」

聽到我這麼說，T 先生開心地笑了。

「好，那我們趕緊來拍攝用來廣宣的宣傳照。」

所謂的宣傳照，就是發給 AV 廠商和出版社的宣傳材料──裸體寫真。

我是第一次在照相館以外的攝影工作室裡拍攝照片。

讓化妝師如此仔細地上妝也是人生初體驗。攝影師在攝影機的四邊放了閃光燈當作照明，所以我只看得見攝影機的鏡頭。一開始是換上比基尼泳裝拍攝。

「差不多該脫掉泳裝了。」

攝影師在光線的另一頭發出聲音。

事到臨頭，心裡果然還是會覺得：「真的要脫嗎？」但也不能掙扎抵抗。那是真正的初脫。我沒想到會在並非戀愛關係的場合，讓男性看見自己的裸體。不過，因為已經穿著泳裝了，所以也只要解開就好，幸好看不見照明的另一頭，我斷然地赤身裸體。

再來就是忘了自己是裸體，對著鏡頭露出笑容。

在拍攝完成的照片上，我一絲不掛地假笑著。已經無法回頭了，我心裡這麼想著。被發掘後還不滿三個月，我就決定成為AV女優。

然後令人驚喜的是，英知出版還願意幫我推出寫真集。作品當然是裸體寫真集，不過是由專業攝影師幫我拍得美美的、只有我一個人登場的一本寫真集。成果充滿魅力，也令我情緒高漲。

之後，AV也是和「Alice Japan」與「Max-A」這兩家出租版影片的大型系列廠商，以兩家專屬的形式簽訂一年推出十二部作品的契約。據說這在當時似乎是件相當了不起的事。

面試我的出版社編輯、廠商的製作人年紀都是三十幾歲，卻是非常理性、有常識的人。雖然這種說法很奇怪，不過實在看不出來他們是以女性的裸體作為工作的人士。

總覺得裸體的業界真的非常不可思議……我一邊這麼想、一邊覺得能被人接納非常開心。我認為在這個業界好好努力，未來一定是前途似錦。

從我決定拍 AV 之後，我約有一年半時間會在筆記本上記錄工作的點點滴滴，後來再次翻閱時，發現在開頭的部分記下了這樣的文章。

《雖然無法成為飯島愛，但我想在這一年找到、例如五年後或十年後，我能以吉澤明步的身分生活、確保這樣的『自己』的某樣東西——》

我曾以為未來能輕易地開拓。覺得如果拍 AV 的話，就能用一年躍居第一。只要受到大家歡迎，馬上就能登上下一個舞台。但我想得太容易了。

《雖然在這個業界的起步是今天，不過真正的起步是成為 No.1，然後接到戲劇的工作或拍廣告的那個時刻，所以我現在要朝著那個起步而努力——》

於是成為 AV 女優的我，再次體會到自己的認知太過天真了。基本上我沒看過 AV，也不曉得日本的 AV 女優遠比寫真模特兒還要多。在 AV 的世界裡成為頂尖有多麼辛苦，我連想像的憑據都沒有……

少女時代

要說是哪種類型的話，我算是個性內向的孩子。

雖然不是想自誇，但我小時候就常被大人們稱讚「很可愛」。

可是，我的個性不太會主動爭取表現的機會。

即使在幼稚園的遊樂會，儘管自己內心很想擔任主要角色的公主，最後我也會有所顧慮、選擇扮演其他角色。我就是這樣的小孩。

雖然不記得是被這樣的教育方式培養長大的，但是一直到小學的時候，我都認為自己既然是個女孩，就要有個女孩的樣子，這樣的心情非常強烈。

總覺得，也許我嚮往著長大之後，能變成為丈夫與孩子奉獻付出的顧家好太太、好母親，對成為那樣的女性懷抱著憧憬。

雖然我是謙遜的女孩子，不過自認運動神經並不算差。

我在小學時被選為田徑比賽的候選選手。雖然姑且算是努力地練習，但我還是表現出謙讓的性格，無法不顧一切地出風頭。

因為最終選拔我也沒有展現非勝出不可的全力以赴，所以最後依然是敗下陣來。即便我有著半吊子的運動神經。

上了中學後，則有社團活動。

從小就一臉像是學過鋼琴的我，如果加入管樂社，那正好和形象符合呢。

不過，成為可說是青春期入口的中學生後，我開始想改變從小謙讓的個性。試圖擺脫個性內向的自己。

於是我最後所選擇的，是柔道社。

我想這是小學時看過的動畫《以柔克剛》所帶來的影響。主角豬熊柔明明是個非常可愛的女孩，但是卻超強的，我覺得她非常帥氣。

這種意外性很有魅力，我幻想著自己也能變成像她那樣。

同樣受到這種影響的女孩似乎也不在少數，比起在旁邊練習的劍道社，柔道社的女性社員更是多出許多。

其中也有宛如就是柔道選手般的大個子女孩，也有像谷亮子女士那樣個頭嬌小，但是能靠著敏捷的動作一口氣使出絕招的女孩。

雖然有這些夥伴令我受到鼓舞，不過我完全沒有豬熊柔那樣的才能，練習時真的非常難受又痛苦。

我和男性社員一樣鍛鍊腹肌和背肌，進行跑步訓練。讓人抬起雙腳，只用手臂前進的手推車、攀爬繩索，每天都進行著根本不像女孩子該做的肌肉鍛鍊。冬季時的柔道練習，身上只穿著柔道服會渾身發顫，光是練習護身倒法、摔在榻榻米上時就會覺得疼痛，簡直像是是地獄一般。相反地夏天則是酷熱到全身是汗，總是伴隨著身體無力的脫水症狀進行自由練習。

即使如此我也不打算放棄。

雖然女性社員逐漸地在減少，但是我還是整整練了三年。

明明個性內向卻有著倔強的一面，自己決定的事，我不喜歡中途放棄，或扔下不管。對我來說，不會有放棄這個選項。

也許是因為這種個性，我才會持續從事了十六年的 AV 女優工作。

我拿手的招式是過肩摔。

即便是沒有才能的我，也曾在比賽中獲勝。

說到這個，在練習寢技時，我的乳頭曾經磨破過。

雖然柔道服底下可以穿 T 恤或運動內衣那樣的背心，不過忘我地施展或防禦寢技時，胸部會非常激烈地摩擦，在不知不覺就流血了。滲到內衣的鮮血令我印象非常深刻。

那時我還是個不知道胸貼為何物的中學女生。

不論是哪一段歷程，到了現在都是美好的回憶。

拍攝 AV 時，我經常被要求用近乎不可能的姿勢做愛。那就像是以進行肌肉鍛鍊時的費力姿勢被男優插入，然後激烈地抽插。

雖然當然不可能有快感，不過我還頗能忍受那種累人的性愛。沒想到我滿有肌力和體力的。

也許，那是在中學的柔道社培養出來的——。

我對「性的覺醒」是什麼呢？

只有一次，我對兒時的自己所做出的行為還烙印在記憶中。那是小學低年級的時候。雖然不清楚為什麼會做出那種事，不過我記得自己拿著小型的塑膠空容器隔著內褲貼住私處，就這樣直接按壓、稍微摩擦。

（咦？這是什麼感覺？咦？好舒服～）

當然，那時我也不知道自慰這個詞語。

在驚訝的同時，我只覺得不能再繼續下去而停手了。

正因為是無意識下的舉動，所以反而在我心中萌生了對自慰行為的罪惡感，才會讓我在成為AV女優之前都沒自慰過，說是這麼說，不過也可能是我想太多了。

接著，我想應該還是在小學低年級的時候吧，有幕景象留在我的記憶之中。

因為有事要找母親，所以我便往父母的寢室窺視，結果看到母親好像跨坐在父親身上。因為衣服都穿得好好的，所以並不是在做愛，也許是在按摩或什麼的。

可是我在看到的瞬間，本能性地浮現「哇！看到不該看的東西了」的感受，於是我就一聲不響地當場迅速離去。

升上高年級後，有個對性事早熟的男生，曾一臉賊笑地對我說：「晚上來那座公園吧。我會準備棉被和衛生紙等妳。」我記得那時的感受非常不舒服。

事到如今仔細一想，我算是晚熟吧。

中學二年級時有男生向我告白，我也答應和他交往。

雖然是交往的關係，但我不知道究竟該做些什麼。

我向曾和男生交往過的女性朋友們詢問，她們告訴我：「去男朋友家裡，待個幾小時一起聊天玩耍，或是卿卿我我地一起回家。」

然後就有人邀我：「一起到我男友家玩吧。」

「那我們就去那裡念書。」於是我和男友兩人一起過去打擾。可是看到朋友情侶表現出卿卿我我的親密樣子，我們兩個反而是害羞得什麼也沒做。

「這是什麼情形？」我覺得如坐針氈。

結果我和那個男友只牽過一次手就分開了。

話說當時的我，對於男女之間的性行為還沒有充分的了解。

日後獲得正確的性知識，則是在進入高中後的健康教育課程時。我是個看到極為寫實的圖片後，便大受衝擊的女高中生。

然後，以女性為客群、帶有點情色要素的青少年雜誌上也會刊載體位的說明，我還記得自己因此得知女生和男生會做這種事的時候，內心大為震驚。
雖然我是處於這樣的狀態，但表示「和男友做了」或「被人搭訕就做了」的女孩也快速增加，而且和我同樣都是高一生。
性愛越來越栩栩如生地逼近。
另外，那個時代很流行援助交際。我也經常聽聞身邊有女孩在援交的傳聞。這對我來說，是非常討厭的資訊。一想到只因為同樣都是女高中生，我或許也會被人如此看待，內心就覺得很悲哀。
對我而言，性愛絕對不是什麼帶有好印象的事物。

初體驗

雖然對性愛沒有好印象，不過在晚熟的我心中，還是自然而然地產生對戀愛的憧憬以及對異性的興趣，日漸變得強烈。

接著，就在高中二年級的暑假剛結束後，我有了初體驗。

對方是同一所高中，大我一屆的足球社學長。對於他，我單純就是覺得人很帥氣而抱持著崇拜感，不過他正在和我認識的三年級女孩交往。

那是我高二，學長高三的暑假。他從足球社引退了。藉由體育推薦升學決定了即將進入的大學。對他有好感的女孩，除了我以外還有許多人。

所以，即使聽聞他和女友好像已經在暑假前分手了，我也不覺得自己能因此和他交往。

這時我收到朋友的邀約，幾個男生女生要一起去看煙火大會。那位朋友正在和三年級的學長交往，而我憧憬的那位學長也會來。

當我到了約定碰面的地點時，結果只有他一個人在場。

「那個……你好。」

「哦哦，我是第一次和妳說話呢。」

左等右等都沒有半個人來。

是我們弄錯了嗎？還是被大家設計了呢？因為煙火大會開始的時間逐漸逼近，所以最後就變成只有我們兩人一起去看的局面。

意外降臨的這場約會令我心頭小鹿亂撞。畢竟對方是我所憧憬的學長。

將天空染上色彩的煙火有種幻想性的美感，加上響徹人心的爆發聲，真的恍如置身於戲劇中的夢幻情境。

連發煙火間斷時，他將臉湊近我的耳際。

「欸，我們交往吧。」

這句話在我耳中縈繞了三遍左右。我思索著自己該說些什麼——

「……嗯。」在我開口之際，大型煙火也升上天際了。

在那之後的一個月內，我們約會了四、五次。

一開始我獻出了初吻。因為還在暑假期間，印象中都是在中午碰面的午餐約會。

之後，我們在無意間像散步一樣肩並肩地走著，這時他牽起我的手。

我在感覺手掌有些冒汗的情況下，和學長一起漫步，然後他拉著我的手，把我帶到沒有人煙的小巷子裡，然後吻了我。

也許是他還有所顧慮吧，所以並不是深深的一吻。

之後每次約會時，他慢慢地對我做了一些事。

第二次接吻也是在外頭一個像是工地的地方。他把舌頭伸進我的嘴裡攪動，隔著衣服觸摸我的胸部和臀部。他似乎非常興奮，所以此時展現形象和我所憧憬的學長截然不同，不過我以為正在交往的男女都會做這種事。

話雖如此，我也並非處在冷靜的狀態，或許當時我的呼吸也急促到不行吧。

暑假期間，我也曾到他家裡去玩。

在他的房間裡聊天時，他逐漸逼近我。

他讓我躺在單人床上，一邊親吻、一邊把手伸進衣服底下。雖然隔著內褲被碰到私處了，但總之我還沒做好心理準備。

「那個，今天已經……下次吧。」

他媽媽好像在家的樣子，所以他也沒有後續的動作。

可是我心裡也很清楚，和他發生初體驗，只是時間的問題。

對於不曾體驗的事物雖然伴隨著本能性的恐懼，但因為對方是喜歡的人，所以其中也帶有期待的部分。我為那一天的到來有所準備，買了成套的可愛內衣褲。

接下來，就在暑假結束後不久，他對我說：「今天家裡沒人在喔。」

我記不得是週六還是週日了，但應該是不用去學校的日子。我換上買來的內衣褲去他家。因為彼此都有那個意思，所以我們並沒有聊太多。
他的家是老式的日本房屋，他的房間也是鋪了榻榻米、入口是拉門的形式。這種房型當然沒有門鎖，於是在我們一起踏進房間後，他就在拉門內側放上卡榫。記得那好像是校外教學時男生都會買的木刀。
雖然照既定的計畫，家人不會在這時回來，不過大概是為了慎重起見。
「過來這邊。」
因為他和前女友有過經驗，所以並沒有顯露焦急的樣子。
雖然我也透過女孩會看的色情雜誌預習過這個流程，不過事到臨頭，我什麼也做不了。完全就是鮪魚女的狀態。
明明打算準備接受了，我的手和腳卻一動也不動。
明明是和喜歡的男友發生初體驗，我卻只記得被脫掉衣服，然後第一次被男人觸碰肌膚，那讓人害羞得不得了的感受。
明明作為初體驗的對象完全不討厭，不，反而應該是覺得很開心，但我的身體卻不聽使喚。全身硬邦邦的，十分僵硬。
他讓我赤身裸體，一邊看著、一邊撫摸各個部位，情緒越來越興奮。

「好像可以了，我要進去嘍。」

他戴上保險套。

「……嗯，嗯。」

我這麼回答，兩腳卻閉得緊緊的。

「別那麼用力。」

就算他溫柔地說，我的雙腿仍舊沒有敞開。

「再放鬆一點。」

最後他慢慢地把我的雙膝展開。我的兩條腿仍在抵抗，於是他腰部挺進其中、讓我雙腿張開。兩個人全身赤裸的肌膚貼合在一起。最後形成以正常位插入的姿勢，感覺總算準備好了。

「如果會痛的話，我會立刻停止。」

話一說完，他把陰莖前端貼在我的陰道口。

我的身體擅自想迴避插入，那大概也是條件反射的行動吧？

他在單人床上挺出腰部想要插入我的身體。我的背部和臀部扭來扭去，頭部一直後退。不斷往上方逃離。

即使他快速地逼近，我仍然拖著身體逃離，因此當我知道他漸漸地感到焦躁時，我的頭便在碰到床邊的牆面時停止了。

那一瞬間，我總覺得在此之前都很溫柔的他，臉上突然變成了男人的表情。

已經無處可逃的我，陰道口被龜頭滑溜地抵住，他的雙手穿過我的腋下、搭在肩上，用蠻力把我拉近。

「好、好痛！」

然後他接連用力擺動腰部，讓陰莖在我體內抽插。

「痛、痛、感覺好痛！」

即使我披頭散髮地訴說，他依然沒有停下奮力向我衝刺的動作。超出預期的疼痛使我宛如置身於修羅場，完全沒有浪漫的感覺。

「唔！」他發出輕聲的呻吟，似乎射精了。

然後他扭腰好一會兒，我的初體驗總算結束了。

並沒有從處女蛻變的感動，也沒有成為「女人」的特別喜悅。

（為什麼、大家、都覺得這樣做很好呢？）

看著連連喘氣的他，這種想法肯定沒錯。

雖然我這麼想，不過因為變成那種關係了，如果他提出要求，自己就沒有拒絕的理由。我也體認到，這就是交往中的男女朋友。

實際上，我喜歡接吻、喜歡裸體擁抱，也能從中感受到幸福。

不過，我覺得做愛這件事不太愉快。雖然多次插入後就漸漸不會痛了，但我也不會覺得舒服。

不只插入行為，例如他躺下來說「幫我含一下」要求口交時，我也會思考多餘的事：這就是表達愛意嗎？可是就算我不要求，他也會幫我舔陰，這果然還是沒有愛情就辦不到的事情呢，所以我重新調整思緒後，也會用嘴幫他服務。

只不過，口交也好、舔陰也罷，我都不喜歡。我沒有因此獲得快感。

我真的是開始拍攝 AV 作品之後，才對性愛這件事覺醒的。時至今日，我還是這麼認為。

和男友做過幾次後，我做出連自己也會笑出來的事。

那時的我，完全不會舒服得喊出聲音，或者是發出聲音來表達愉悅。

不過，他一邊愛撫一邊對我說：

「叫出聲來也沒關係喔。」

因為他都這麼說了，我以為叫出聲音可能會比較好吧。自己聽到平時自己的聲音，和別人耳中聽到的自己聲音會有所不同。應該也有不少人聽到自己在電話裡的聲音時會嚇一跳，對吧。那麼，我色色的聲音聽在對方耳裡又會是如何呢？我對此產生了興趣。

因此我決定研究，如果要喊出來的話，到底要發出怎麼樣的聲音才好。

因為當時我也不會自慰，所以我趁家裡沒人在的時候，一邊稍微撫摸自己的胸部，一邊想像戲劇中的戀愛場景，試著說出「啊嗯」、「好舒服～」、「再多一點」這類的話語，再來就是嘗試帶著嬌喘聲來吐氣。

那時我用自己的 MD Walkman 錄音，然後再放出來聽。不出所料，聽起來完全不像是自己的聲音。因為異常地有趣，我還試了各種音色。

結果，我還是不知道正確的叫法。

之後做愛時，如果他問我：「舒服嗎？」我會回答：「嗯，舒服啊。」我覺得自己應該有發出像樣的聲音。

如果真的很舒服，男人自然也會興奮地發出色色的聲音，我也是一直到後來，才在 AV 的性愛中學到這一點。

初體驗後，大概有三個月的時間吧，我和他滾床了很多次。高中男生的性慾非常旺盛，只要有對象且找得到地方，或許每天都能做上好幾次。

僅僅三個月的濃密時間。

現在想想，分手的理由並不是多大的問題。他是這麼說的：

「我上大學後就不能像現在這樣見面了，可以的話我也有出國留學的打算，或許我們的關係可能不會順利。」

將來的事情當下又無法知曉，根本不必在現在這麼說吧？如果覺得可能會分手，那趕緊快刀斬亂麻還比較好——我是這麼想的。

於是，我們告別彼此了。

因為能和憧憬的學長完成初體驗，我應該算是幸福吧。

高中畢業之後，我就進了護理專門學校。

如果我就這樣直接當上護理師，現在又會是如何呢？最近，有時我會思考起這個問題。

以護理師為主題的 AV 作品是職業類型的經典，非常受到歡迎。我也曾拍過好幾部。但因為很像在褻瀆護理師這個職業，所以我還是會帶有抗拒感。

不過，雖然那些都只是現實中不可能出現的故事發展，但一想到其中的妄想幻想對 AV 來說也是很重要的要素，我也覺得異常的情色。

稍微熟悉學校的生活後，我和第二個男性有了性經驗。

他是大我八歲的社會人士。是和學校朋友的學姊在同一家公司任職……印象中好像是這樣。我記得是大家一起出去玩的時候經由介紹所認識的。是個感覺溫柔親切的人。

後來他約我：「我們倆要不要私下見個面？」於是我們就一起出去玩，然後就發生了關係。

因為比起仍受到父母呵護的妙齡女孩還大上八歲，而且已經穩當地自立、擁有相襯的財力，所以他比起實際的年齡差距還更有成熟大人的風範。

和這種男人交往的我，似乎也稍微變成大人了，我覺得很高興。

因為他的外貌也是我最喜歡的類型，所以他一約我，我就赴約了。

做愛時也是如此，可能是大人的從容導致，如果讓我顯露害羞的態度，他就會開心。可是我真的感到很難為情，那時還不會覺得舒服。

因為他有把我介紹給朋友或公司同事，所以我完全認定自己就是他的「女朋友」。有一天他邀我出來，我們去了像是俱樂部的場所，他的朋友正在那裡舉行像是生日派對的活動。

一開始還是照常地享受玩樂的時光，過了一會兒他接到電話，突然表示「臨時有事」就把我獨自留在那裡、自己一個人便離開了。

「大家都是好人，你就盡興地享受後再回家吧。」

雖然是這樣沒錯，可是這個人竟然把帶來的女友丟著，然後自己就離開了？

也許認為自己是他的女友的人，就只有我一個而已。搞不好我只是被他玩弄了。無論如何，對他而言，我並沒有那麼重要。

一段時日後，他就像是什麼都沒發生過一樣約我出去，這時我攤牌了。

「如果你只是為了上床，那我希望能結束這種關係。」

他的表情有點吃驚，但也沒有解釋「沒那回事」，反倒只是露出靦腆的笑容。

我心想，自己確實被這個人玩弄了。

在這個人的心中，我不算是有交往的女朋友。所以，雖然我非常喜歡他，但也不想把他列入過去的戀人。

在新宿被星探大叔挖掘，就是在和他訣別之後——

第 2 章

吉澤明步誕生

第一次的AV攝影

二〇〇二年，十一月六日——。

我在完全沒入睡的情況下，迎接了早晨。

從今天開始，我將成為AV女優。

我必須在眾人面前坦誠相見、赤身裸體地做愛。

一打開窗簾，異常耀眼的陽光便照耀進來——。

我瞇起眼睛回頭一看，桌上放了影音出租店的袋子。裡頭放的是電影《失樂園》的錄影帶。這是以役所廣司先生和黑木瞳女士的濃豔性愛場景引爆話題，於一九九七年上映的作品。

昨天晚上，我從附近的影音出租店把這部作品借回家看。

在那之前，我真的沒看過AV作品。雖然說是要做愛，但具體而言究竟會變成怎麼樣的影像，在我心中真的無法浮現清晰的印象。

因此我打算去租 AV 影片，想作為隔天拍攝時的參考。不過那個用薄簾子隔開的「18禁」專區，我無論如何都無法鼓起勇氣踏進去。

所以我轉去瀏覽陳列著一般作品的錄影帶架，其中感覺會有最多性愛場面的，就是《失樂園》。回到房間播來看，我感受到那是以美麗的影像描繪而成的大人戀愛故事。

確實，役所廣司先生和黑木瞳女士的性愛場景非常性感刺激，但是對於我即將面臨的 AV 拍攝，並不能作為參考，關於這點我也能輕易地想像。

看完這部電影時，時間已經來到午夜一點鐘。雖然在那之後立刻鑽進被窩，但我完全睡不著。還記得自己去上了好幾次廁所。

當時我所住的 1DK 格局房間，是位於四樓建物的四樓。

決定加入事務所時，我預借了押金禮金等費用，因為從護理專門學校的宿舍搬出來，才只過了三個月而已。

房間裡沒什麼家具，擺設非常簡潔，嗯，算是煞風景的環境。

這棟建築好像只有四樓是作為住宅使用，一樓有承租的店鋪進駐，二樓和三樓則有各種個人事務所。

因為沒有電梯，所以想上到四樓就得爬樓梯才行。

此外，當時我在東京都內移動是利用腳踏車，所以也不能把腳踏車擱在路上，我必須一路扛到樓梯平台，那實在很累人。

那棟建物屋齡相當久。雖然內部裝潢有改建翻新，不過浴室並不是自動供給熱水的一體化浴室。

因為要將燃氣窯爐的水蓄在浴缸裡再點火，當我精疲力盡地回家時，因為精神迷糊渙散的，有好幾次都讓浴缸變成了真正的熱水浴池。

不過，這裡的日照和通風非常好。為了能夠隨時搬家，我只放了最低限度的東西，結果，我在保持清潔的狀況下住了兩年半。

房租大約是十萬日圓。對於之前住在宿舍的我來說，是讓人覺得滿貴的金額，但因為地點就在澀谷附近、位於都心的一等地，所以這也是沒辦法的事。

而且因為簽下了AV的專屬契約，總之這一年保證會比同年紀的女性有更多的收入，所以不管是償還預借的費用或是支付房租都不用煩惱。

如果是專屬契約，片商會把每個月一部作品的演出費支付給事務所，然後從這當中把我應得的部分轉帳過來。

然後，就在這個完全沒睡的早上，由於我是第一次前往拍攝現場，所以事務所的社長 T 先生來住處接我，這時是上午八點前。

拍攝地點是位在埼玉縣三鄉市的工作室，集合時間是上午九點。通常開車不用一小時就能到達這個地方，可是我們在高速公路碰上大塞車。因為和前往都心的早上尖峰通勤潮是相反方向，所以可能是交通事故造成的塞車。

「嗯，車子完全沒有前進……抱歉，可能會遲到很久。」

坐在駕駛座的 T 先生打了很多通電話。

我也在副駕駛座上非常擔心，不過那一天的天氣，暖和到在車裡穿著針織毛衣就會覺得熱，不久後睡魔終於朝我襲來。

第一次去拍 AV 的心境，我在那本筆記本裡是這樣記述的：

《一想到終於要正式拍片了，我的內心就非常不安，那會是什麼感覺呢？我能扮演吉澤明步直到最後嗎？晚上完全沒睡，雖然眼睛底下冒出黑眼圈，不過能在車上小睡一下真的是太好了。

我在很久之前就下定決心。即便是赤身裸體的工作，我也會全力以赴。所以我絕對不會說出「我沒辦法」或「我辦不到」這種話，落淚什麼的也是不可能的。能否專注於演技、能否發自內心喜愛男優，我的不安來自於此——》

結果，抵達工作室時已經接近十一點。我遲到了兩個小時。

那是一間住宅型的工作室，感覺就是豪華的獨棟房屋。

「真的非常抱歉，我遲到了。」

我們滿懷歉意地走進去，所有工作人員都和藹可親地來迎接。

現場的人比想像中的還要多，而且也沒有我所預想那種AV拍攝時的苦悶氣氛，大家都迅速地行動，感覺很像是要拍攝偶像形象影片的現場，所以我還記得當時自己至此才放下心中的大石。

「總之我們先來梳化吧。」

化妝師是現場唯一的女性工作人員，因為她迅速地向我搭話，也讓我覺得心裡輕鬆多了。

我和那位化妝師之後也合作了好幾次，後來我才聽說，其實就在大遲到的那天，在我們到達前現場仍是一片嘩然。

出道作就遲到，到底是多厲害的女優啊……類似這樣的話語。然而，大家一點兒都沒有對我們表現出那種態度，反而是因為我是第一次拍攝，所以受到眾人許多的關照。

因為時間被壓縮，上午只能拍穿著衣服的形象場景片段，過了中午，終於要進行「初脫」的攝影了。

為了盡可能讓我放鬆，攝影現場房間內只留下最低限度的工作人員。記得是導演村山恭助先生親自掌鏡，再來就只有音響師。

我在短褲上面穿了粉紅色襯衫。

操作攝影機的村山導演以十分溫柔的語調問了各式各樣的問題。因為是出道作，所以為了介紹我還安排了一段很長的訪談。

依照訪談的流程，當他告訴我：「那麼，請對著鏡頭脫掉衣服。」時，我卻沒辦法褪去衣服。我的心並不在這裡。

雖然在拍攝宣傳照的階段就已經在照相機前大解放過了，不過拿平面照片和影片相比，被拍攝的感覺果然還是有很大的差異。再加上，那些影像是給觀眾觀賞的作品，所以一想到這裡，我的身體就更加僵硬，根本沒辦法脫去衣服。

因為沒有穿胸罩，所以只要解開襯衫的鈕扣就行了，但我卻無法解開鈕扣。我的手動不了。

被人脫去的話還比較好。要自己脫掉給人看，這實在是……

「妳照自己的步調來就好，如果覺得可以脫就說一聲。」

導演這麼說。他決定等我自己脫衣服。

明明意識很清醒，我卻像是身體被束縛住了那樣。在我的腦海中，「滴滴答答」地響起時鐘刻劃時間的聲音。

導演和我之間宛如進行忍耐比賽般的時間，大約經過了三十分鐘。

我得脫掉、我得脫掉，我發過誓絕對不說「沒辦法」。手指，動啊！

「能拍到出道作純真無邪的樣子，真是太好了。」

導演對著總算能褪下衣物的我如此說道。

直到最後他都很費心。

然後，終於要進行「第一次纏綿」。在眾目睽睽之下，我必須在坐成一排的工作人員面前做愛，並且被拍攝下來。

和我合作的男優是平本一穗先生。現在他已經從男優業界引退，改當AV導演和製作人。我在筆記本上如此寫道：

《和平本先生第一次見面，是在結束淋浴、披上浴袍走出去的時候。「對方是資深的男優，放心地把自己交給他就行了。」就像化妝師所說的，該說是溫柔的大哥哥嗎？是個讓人感覺像是爸爸的人。

我們笑著握手，在拍攝前先打過照面。如果不靠演技就不可能產生愛情，對此我不由得感到困惑。

可是，說起來這是以演員為目標的第一場表演，所以就從這裡開始吧。我不想輸給自己。絕對要演到最後，我產生幹勁了。

平本先生非常溫柔地照顧我。在正式開拍前，為了緩和我的情緒，他一直和我聊天，同時也會給我建議。這次的拍攝能讓導演說出「太棒了」這種讚美，我覺得都是多虧了他。

正式上場前，我們互相擁抱，投入情感，手牽著手，一同走到床邊——》

當時，平本先生大約是三十五歲左右。比起我的第一個男人——大我八歲的那個人又更加年長，雖然很失禮，但當時的我並不會把這種年紀的男性當成性愛對象。

只不過，在我出道的那個階段，年輕男優還很少。當然，隨著經常在 AV 中和年長許多的男性纏綿後，才讓我知道，關於性愛這檔事，中年人比較有包容力，這更容易讓女人有感覺。

這或許也是如果不成為 AV 女優的話，就無從得知的事情。

在別的房間單獨聊天後，我和平本先生手牽手走到床邊。在那個房間裡，有導演、攝影師、燈光師、音響師、副導演等五名工作人員。即使心裡明白，但這種時刻果然還是無法保持平常心。

因為無法想像做愛給人觀賞的感覺，所以一切只能交給平本先生引導。

我自己的白色針織毛衣因為很合適，所以正式上陣時還穿在身上。灰色的迷你裙是劇組準備的服裝。底下的白色短褲也是為了拍攝所準備的。

平本先生穿著海灘褲般的男優短褲，再配上 T 恤。

我站在床邊被他從後面緊緊地抱住，然後開始愛撫。我全身被來回撫摸，他的舌頭滑上我的耳朵、脖子以及後頸。然後慢慢地脫去我的衣服。

雖然我任由平本先生擺布，不過腦中只想著無論如何都不能停掉攝影機、不管怎樣都不能被喊卡。因為這是影片，我覺得也不能保持沉默，所以我一直想著要發出聲音、要發出喘息聲。

不久後，全身上下一絲不掛的我，接受了AV衝擊性的洗禮。

平本先生坐在床上，然後讓我坐在他的大腿上。

眼前有工作人員和攝影機。我用兩手遮住胸部，膝頭閉緊，稍微坐在平本先生的大腿上。於是平本先生從背後把我擁入懷中，讓我坐得很深，雙手抓住我的膝蓋。

（咦……？）

我就這樣被直接一口氣抱起來。

然後，實在太大膽了，我的雙腿突然被敞開。

（咦咦～！）

我對著攝影機，大腿內側呈水平、張開雙腳，露出了恥部。

這時耳邊響起聲音：

「喏，被大家看見了。感覺如何？」

剛才還很溫柔的平本先生，現在感覺就像是惡鬼一樣。

在那之後，我才知道那個姿勢是AV的經典場面，不過當時的我還不得而知。

此外平本先生用自己的膝蓋固定我張開的雙腿，右手開始在陰道口愛撫。在一片鴉雀無聲的房間裡，響起了咕啾咕啾的聲音。

「下面濕成這樣，妳很興奮呢。」

聽到他這麼說，我簡直害羞得想去死。

總而言之，現場的燈光很亮。感覺所有的光線都在照著我的胯下。

即便如此，我還在內心某處想著，絕對不能讓攝影機停下來。

我關閉心門，不讓在耀眼光線另一側的工作人員身影進入自己的視野，一邊拚命地發出色色的聲音、一邊悄悄地確認攝影機的鏡頭在哪裡。

那在第一次拍攝的過程中，或許就是我的極限了。

從戴上保險套、挺進我的身體之後，後來的事情我都沒有記憶了。

和渾然忘我、失去印象的感受又有點不同。雖然知道自己在做什麼，腦中卻是一片空白。這是我有生以來第一次遇到的狀況。也許是因為太過羞恥，所以為了抑制自己變得更奇怪，讓自我防衛本能起了作用。

就這樣，第一天的拍攝結束了，我終於鬆了一口氣。

比起成就感或充實感，我覺得現場能毫不拖延地進行工作、第一次的纏綿也沒有中斷，最後能夠聽到導演說ＯＫ，老實說真是太好了。

與此同時，雖然羞恥到停止思考，不過我並沒有被粗魯地對待、也沒有被人做出意想不到的變態行徑，我覺得如果是這樣的話，或許就能繼續拍下去。

無論如何，畢竟簽的是十二部作品的契約，至少還得再拍十一部。「沒問題，我可以的。」因為心中浮現出這種感覺，我也覺得放心了。

回程的車上，Ｔ先生對我說：

「導演打包票，說這孩子沒問題喔。」

我抱著有點幸福的感覺被送到家，之後的事我又記不清楚了。果然是累了吧？只在車上小睡片刻就隨即面對第一次的拍攝，在緊張不斷的一天結束後，我酣睡如泥。

隔天一早，我便神清氣爽地醒來。

第一次的潮吹

出道作第二天的拍攝。

那天是在東京都內、位在高田馬場的工作室。

在事前磋商時被問到角色扮演的要求，因為我的學校制服不是水手服，所以我提出了「我想穿穿看水手服。」的要求。

超迷你的裙子加上泡泡襪，以當時的女高中生風格拍攝的印象場景，雖然很難為情，卻也令我非常開心。

而比起這些更重要的，就是我在事前聽說那天參與拍攝的男優是加藤鷹先生，我非常興奮緊張，不知道他到底是個怎麼樣的人。

鷹先生當時已經是超越 AV 男優框架的名人，也經常在電視節目等場合登場。他也許是第一位從 AV 業界嶄露頭角的男明星。

從我走進工作室開始，氣場就已經不一樣了。

那是排山倒海而來的的強烈人物形象。超乎常人的感覺也不容分說地從他身上散發出來。

穿著打扮也像是時髦的藝人，一看就知道是「加藤鷹」。

「哎呀~是你的出道作啊。這樣連我都會緊張呢。」

我們一碰面，他就冒出這句話，我也忍不住笑出來了。

這大概是鷹先生獨有的關懷方式，應該是為了讓我放鬆心情吧？前一天合作的平本先生是在別的房間和我獨處時，藉由療癒系的話題來讓我平靜下來，不過鷹先生在進行日常的問候之後，就開始對著現場的眾人說話：

「那個啊，我想試試最近流行的○○……」

他似乎是個喜歡談論自己的人。口若懸河，滔滔不絕。那簡直可稱作是名叫「加藤鷹時間」的個人談話秀，看著看著，現場的氣氛已經逐漸升溫。整個空間染成了鷹先生的顏色。

包含這方面在內，我對他十分欽佩，真是個魅力十足的男優。

接著，我們就在這個氣氛下進入纏綿。

我穿著水手服被他親吻。延續前一天的情況，我當然也只能把身體交給男優鷹先生。和前一天相同，我只是一邊在意攝影機的位置、一邊將心思放在表現出色色的反應，讓拍攝得以順利進行。

不過比起前一天，或許我現在稍微能冷靜下來了。所以我注意到，鷹先生在纏綿時也一直說話。

「這裡？這裡很舒服嗎？」

他又舔又掐，一邊愛撫一邊不間斷地低語：

「這樣也會有感覺呢。」

這可以稱之為輕柔的「言語羞辱」嗎？在我的印象中，男性做愛時都很沉默，所以對此也感到非常驚訝：竟然有這種男人啊？

「這樣很棒喔。喏，再色一點。」

話雖如此，但是那些果然是鷹先生身為專業男優的獨特演出，是在作品中催生出原創世界的技巧。

而且，當時男優的定位大多還是襯托我們女優的無名英雄，不過現在的男優富有個性，有不少人都以自己的個性為賣點。

我想他們都曾受到「加藤鷹」不小的影響。這麼一想，鷹先生在 AV 業界留下的資產，果真是非常豐厚的吧。

此外還讓我覺得驚訝的，就是「有感覺吧？」、「很舒服吧？」在鷹先生持續以黏膩的聲音搭話時，這些詞語便在我的腦海中不停地打轉，我也開始覺得好像真的就是這種感覺。就像催眠術一樣……

對做愛沒自信的男人，可以把這些想成是能讓女孩變舒服的「咒語」，請不妨挑戰看看吧。但如果是一般男性模仿鷹先生的低語戰術，女性或許會笑場呢。

言歸正傳，不管怎麼說，拍攝時印象最深刻的，就是已經變成鷹先生代名詞的「金手指」。不管是什麼樣的女優，只要遇上鷹先生的手都躲不了潮吹，這種情況似乎就是稱號的由來。

因為我沒看過、也沒聽過「潮吹」，所以當鷹先生把手指插入我的體內，又繼續低語著：「出來了嗎？要出來了嗎？該出來了吧？」當下我完全不曉得他想要做些什麼。

「喏～出來了。還會出來喔。全部出來吧。」

討厭，真的出來了。為什麼？沒想到自己的身體會發生這種事，後來我才知道那就是潮吹的現象，但仍然是無法理解。

不過，的確陰道內部在受到刺激時會有前兆。很接近想尿尿的感覺。因此，如果不是在拍片，我可能會拚命地忍耐。在我腦中肯定有自己正在拍攝AV的意識，我覺得發生某些事會比較好，於是便放棄忍耐。

之後不只是鷹先生，我也在多名男優的手指下經歷過潮吹的體驗，不過就我的感覺來說，那果然很接近尿尿。

至少，我不覺得是性愛方面的快感。

因為沒有尿液中應有的成分，所以泌尿科醫師也說那是不同的東西，但潮吹後的感覺和小便後那種舒暢感很類似。那是在下腹部施加的壓力，讓累積的東西噴出後所得到的輕鬆感受。

現在回想起來，初次見面時經由鷹先生的金手指體驗到的潮吹，是我有生以來的第一次，非常具有衝擊性，我甚至還為此覺得感動。

可是在那之後，我慢慢地理解自己是不易潮吹的體質，就連鷹先生的金手指也會讓我感受到痛楚。而且要是遇上手法笨拙的男優，越是不易潮吹、他們就會越想讓對方潮吹，因為會使出比一般的指頭動作還更激烈的抽插，所以感受到的就只有痛苦而已。我也放棄過好幾次。

不過，也有女優真的就是容易潮吹的體質，像是潮吹始祖紅音螢小姐，聽說最近也出現了許多容易潮吹的女優。

容易潮吹的女性不是用手指摳就會咻咻地滿溢出來，而是在陰莖進入身體、經過一番抽插，然後將陰莖抽出後，就會嘩啦啦地像噴泉一樣噴出來。

那簡直可稱之為 AV 獨有的女體奇觀，是充滿震撼魄力的精采光景，看到這一幕的導演肯定都會想拍攝這個場面。這種心情我也能理解。

身為專業的 AV 女優，我也非常想演出潮吹，無奈的就是體質就是不同。

被要求潮吹時，在拍攝前我都會用水稀釋電解質運動飲料並大量飲用，或是喝刀豆茶，聽說這樣就會讓自己更容易潮吹，因此我努力攝取到肚子很撐，然後上場演出性愛場面。

但是，還是無法像噴水雜技一樣咻咻地噴出來。

然而就在某一天，這個煩惱一口氣解決了。雖然那已經是我出道數年後的事，不過重現潮吹的方法被人們給開發出來了。

AV 的命脈，就是能夠滿足廣大觀眾、充滿魄力的影像。

如果是射精的場景，精液量越多就越能顯出魄力。像顏射畫面就更是如此。這種時候就會使用蛋白等材料製作而成的模擬精液，然後用注射器發射。這是很有名的事例。

大家可以想成是那個的潮吹版本。

與其真的發生潮吹卻不夠精彩，在能夠拍攝到具有真實感的影像前提下，用模擬的方式來呈現充滿戲劇張力的演出，對所有的觀眾來說會更好。

我所知道的，也就是曾體驗過的潮吹重現方法有兩種。

一種是電動式手持按摩棒，也就是將所謂的電動按摩棒改造成潮吹機器。在振動部分的開孔接上細細的軟管，然後在以電動按摩棒挑逗私處時噴射。

另一種是把軟管以避開鏡頭的形式貼在男優手臂上，管子前端會通過手指之間，然後在指頭插入時演出噴出效果。兩者都是副導演利用打氣筒來手動製造人工潮吹，所以算是相當傳統的手法。

話題好像已經跳脫鷹先生的金手指了，不過總而言之，男優和女優都是活生生的人，所以 AV 的世界裡也需要這種「表演」。

在潮吹之後與鷹先生性交時，我的腦袋並沒有一片空白，能夠好好地接受。或許我也比第一天拍攝時要冷靜多了。

那一天並未就此結束，還要再拍攝一場纏綿戲。

那是只有在 DVD 裡才會附贈的特典影像。

當時的 AV 影片還是以 VHS 錄影帶為主流，不過也正好是媒介轉移到 DVD 的時期，為了推波助瀾，所以才會幫 DVD 增添附加價值。

於是我有生以來，第一次挑戰由自己來主導的性愛。

合作對象的男優，是個年紀還輕的人。

因為他在私生活方面也沒有經驗，所以不知該如何是好。

「能做多少算多少，先試試看吧。」

雖然導演這麼說，不過光是主動親吻對方就羞死人了。

男優當然也收到導演這樣的指示，不過他實際上什麼也不做，只是仰躺著。

「你躺著不動也沒關係的喔，我會讓你很舒服的。」

明明自己忐忑不安，我卻這樣低語，挑逗著他的乳頭。我一邊舔舐乳頭一邊把手伸向胯下，握住陰莖開始滑動。雖然就連幫男性打手槍時我也笨手笨腳的，不過男優還是勃起了，於是我以騎乘位讓他的東西進入體內。

「那個……該怎麼做才好？」

雖然進去了，我卻不知道該怎麼活動。在陰莖插入陰道的狀態下，導演指導我如何扭動腰部，我勉強嘗試了。我以女上位的姿勢，多次變換身體的位置，每當導演指示「上下活動」或「前後扭動」時，我就像具傀儡木偶一樣地做愛。

儘管設法做到結束了，不過真的非常辛苦。

接著，我的出道作《天使的花蕾》（天使の蕾）終於拍攝完成了。

明明先前的性經驗對象只有兩個男人，卻在兩天之內和三個人做愛了。而且是在許多工作人員的面前讓攝影機拍攝……可是，是我自己選了這個工作。

回程車上，T先生對我說：

「妳很努力呢。」

我面向前方輕輕搖了搖頭。

寫真集「明步」

拍完第一部 AV 作品之後，塞班島寫真集外景拍攝就在等候著我。

在筆記本上的二〇〇二年十一月十一日那一天，我開心地這樣記錄：

《4:30 起床後就趕緊準備，5:50 踏出家門。第一次出國&第一次外景拍攝!!不過卻是工作模式。到達事務所之後，S 先生也來送行，讓我嚇了一跳&非常開心。成田超擁擠的。抵達塞班島之後，颳起急風驟雨!!好嚇人喔～感覺是突然就下雨了。不過很快就放晴，熱到讓人很鬱悶。而且悶熱感×2，我外出採買後回到飯店，在 6:00 左右吃晚餐。

聽說明天早上吃麥當勞。因為工作還沒進來，所以是吃吃喝喝模式。

明天開始的外景拍攝關係到今後所有的工作，所以我要全力以赴！》

至於為何會說是關係到今後所有的工作，因為寫真集的拍攝雖然排在後面，但是比較早發售。二〇〇三年二月時先推出寫真集，然後三月才是影片上市。

也就是說，「吉澤明步」的裸體在這世上最初登場的地方，就是這本寫真集。而且不是刊出許多模特兒的雜誌，寫真集上面就只有我，銷路好不好就全看我個人而已。如果賣得好，工作的可能性也會因此擴展。

不過也許是因為我已經有過AV拍攝的歷練，所以對此相當放心。加上也不必和男優翻雲覆雨，所以原先我還認為應該不會有什麼問題才對，不過後來，我就領會到拍攝靜止照片的困難之處。

《因為攝影機是持續在運轉，即使鬆懈、做出笑容、或自由發揮，只要一瞬間出現了不錯的表情，或許攝影師便會覺得「哦，很可愛呢。」不過寫真是一次一次按下快門，所以我必須每次都得呈現不錯的表情、展現良好的體態！結果我太用力了，反而使得表情很僵硬。》

裸體模特兒的領域也很深奧，我一邊在錯誤中學習、一邊設法完成三天的拍攝工作。

回國後過了一陣子，我到編輯部確認正片。現在提到照片，都是使用數位相機拍攝吧。雖然現今的智慧型手機畫質也非常高，不過當時就連附加照片的郵件也才剛剛問世而已。寫真集或清涼照等印刷用的照片，用正片拍攝也是理所當然的事。

而且如果是寫真集的場合，因為會拍掉幾百卷底片，所以攝影師會從裡面篩選，然後再讓我看剪輯過的成品。

雖然拍攝成果美到連自己無法想像，不過照片中呈現的自己，果然就如同我所擔心的那樣，臉上缺乏表情的變化，在開心的同時多少也伴隨著震驚。我得更加努力學習寫真照的知識才行……

話雖如此，之前以為機會渺茫的個人寫真集，現在已經能實際地感受到即將邁向完成的運作。我等不及想盡早看到完成品了——

從寫真集的外景拍攝地回到國內，十天後我將迎接第二部 AV 作品的拍攝。年內還有兩部，也就是到第四部作品為止的拍攝都已經敲定了。

這段期間內，雖然已經 AV 出道、也決定發售裸體寫真集了，但我還是會去電視台向製作人打招呼、也前往大型出版社面試，或是去向知名藝能事務所的人士請益，這些營業活動也持續在進行。

因為 S 先生和 T 先生為了實現我的夢想而拼盡全力。

《T 先生說：

如果是為了幸福，我可以渾身爛泥。爛泥之後可以沖掉。可以洗乾淨。我的幸福同時也是吉澤明步的幸福。為了幸福，就算叫我裸奔我也願意。如果叫我舔腳，我和S先生都願意舔。假如這樣能接到工作、能得到幸福的話，我都做得到。

淚水就快潰堤而出了……

有吉澤、有T先生、有S先生。

只要三個人朝著同一個方向前進，前方就必定會有光芒在照耀、路也會一直延續下去，所以我相信這點，筆直地大步前進。雖然我是拍AV的女優，但是12部作品的契約也不是任何人都能接得到的工作。我可以滿懷自信。

加油！！沒問題的，總有一天，我一定會覺得自己沒選錯路。》

所以我，對於自己的未來充滿自信。

《吉澤明步一邊做著拍片的工作、一邊努力上戲劇課，想要實現當女優的夢想。想要透過雜誌和寫真照的工作讓大家更加認識明步。

我要趕快接到能讓媽媽和爸爸安心的工作!!
這是我最大的目標。》

實際上，我一邊從事 AV 的工作、一邊趁著空檔當青少年時尚雜誌的模特兒，那一年的十二月，我的泳裝寫真照被刊在主流漫畫雜誌《週刊 Young Magazine》上面。

我被一股奇妙的感覺所侵襲。

明明 AV 的拍攝不斷地在進行，作品卻連一部也沒推出。也就是說，「AV 女優・吉澤明步」還不存在於這個世界上，這是怎麼回事？

在 AV 的拍攝現場，被指示要以羞恥的姿態、渾身流淌著汗水做愛，可是在時尚雜誌卻堆起滿臉笑容地擺出姿勢，或是在無機質的工作室裡進行泳裝拍攝。

時尚雜誌和漫畫雜誌等刊物的相關工作人員，並不知道我即將在 AV 業界出道。要是他們知道了，又會怎麼想？

總覺得因為這種宛如平行世界般的狀況，讓我的腦袋都混亂不清了。明明已經做好心理準備要在拍片工作上好好努力，我卻動搖了。

看看這個時期的筆記本，就能清楚地體認到這點。

《到了第三部作品，讓我覺得遇到瓶頸了。

即使拚命努力，那也不是能向身邊的人提起的工作。

對父母和朋友光明正大地表示自己很努力地在做 AV 女優的工作。要為我加油喔。如果我真的這麼說，結果會是如何呢？會被人在背後指指點點、被否定現在的工作、失去重要的人，會不會甚至還喪失自我？我心中充滿不安。為什麼？

我明明沒有做任何壞事。如果就世人的想法來說，那終究是無法理解的職業，那麼我能明白，但正是因為明白，所以我現在到底在做什麼呢？我不禁湧現出這種疑問。這是我最不應該思考的問題。

我竭盡心力地工作。為了將來而努力打拚。就算說這種漂亮話，但實際上所做的，卻是不能向父母和朋友公開明講的事。

內疚的心情無法消除，不管我怎麼做都是如此……

希望可以理解我的人，卻無法理解我。即使他們無法理解，但只要在某個地方存在著能夠理解的人，不就好了？加油吧。我在心裡這麼想。

可是好痛苦喔……》

日子一天、一天地過去，我的感受也有所不同了。

《今天啊，男優對我說：「妳很色呢。」「身體很色喔。是費洛蒙喔。」被他這麼說，也許我應該感到高興。不過被說成是好色的女孩還是令人害臊，所以我就用「咦～沒有啦」來否定了。》

在兩天排程的拍攝前一天以及隔天，我的幹勁也會不一樣。

《關於「做愛」這個洋溢色慾的詞語。
換做是以前的我，會因為覺得太過羞恥而無法說出口。
但如今並不是習慣了、也並非是感到麻痺，而是想法有所改變了。
做愛代表生理上的歡愉、性慾、性交，且因為不會被其他人看見，所以會將平常隱藏起來的部分，包括身體肌膚、心情（慾望）以及平常羞於見人的姿態毫無保留的呈現，但這就是一件所有人都在做的事啊。
正是因為有一位能讓我褪去鎧甲與防衛，能夠接受我的全部，讓我完全解放的對象（當然這是指那位對象是戀人的狀況），才會進行做愛的行為。
所以做愛並不是羞恥的同義詞，而是希望對方多愛自己一點、多喜歡自己一些、多看我一眼，希望對方接受並愛我的表情、我的呼吸，我的肌膚、我的全身、我的全部。這並不是什麼下流的想法。這是非常自然的情感流露不是嗎？》
光是讀這段文字，甚至就會覺得自己的心生病了。
雖說走到這一步我卻依然有所動搖，但是在我於拍攝現場看閱讀成人影片專門雜誌，以及和工作人員們聊天的過程中，也自然而然地對 AV 的世界日漸熟悉。
我了解到當時，日本 AV 業界已經存在著遠比我的想像還要多出更多的 AV 女優。身為女性，從我的視角來檢視，外貌非常可愛、身材出眾的女性非常多。也有許多巨乳或蘿莉型等富有個性的女性。
有那麼多天生麗質的女孩都在從事 AV 女優的工作，對此我先前都一無所知。
而我的目標，就是在簽下專屬契約的這一年內要成為 AV 女優中的第一名，並且邁進到下一個階段。我原本認為自己是能夠做到的。

看清現實後，我就體會到這其實一點都不簡單。

這種不安，或許也是讓我的精神狀態更加不穩定的因素。

即使如此我也不想放棄。希望以 AV 女優的身分獲得成功的心情也沒有萎靡，「要努力才行，非加油不可」，我的情緒也振奮起來。

從十一月初到年底，四部片的拍攝時間表已經決定好了。

也許是他們特別費心顧慮，認為盡量早點拍完簽約的數量，也能讓我比較輕鬆，不過一個月拍兩部的步調對一個新人來說實在太密集了。確認內容、和導演磋商、迎接拍攝日。因為這段期間也有清涼寫真之類的工作進來，所以我實在無暇顧及提升演技的計畫。

而且，作品的性愛過程不斷加入如同全新挑戰的玩法，因此光是要完成那些就已經讓人竭盡心力，我覺得再這樣下去，自己就會在無法消化的情況下持續一路拍到簽約的部數結束。

因此，還沒決定拍攝日程的第五部，也就是從二〇〇三年要拍攝的作品開始，我便拜託他們以每個月一部的步調來安排拍攝。

我想要有充裕的時間，讓自己能夠依據前一部作品的反省之處，來為下一部作品確實地做好心理準備。如果拍攝間隔有一個月的時間，我覺得就能辦到。

AV女優吉澤明步為了成為頂尖，就得要確實地擬定精進色情演技的計畫，希望創造出在AV業界留下痕跡的作品。

跳蛋自慰

作為一個AV女優，我以追求巔峰為目標，並從失敗中吸取養分，與此同時，我也懷抱著一個身為女孩的煩惱。在每次的作品演出過程中，雖然和堪稱性愛專家的多名AV男優纏綿過，我卻無法達到高潮。如果能體會高潮的感覺，我的性愛觀想必也會因此改變吧？

《因為纏綿時已經習慣有鏡頭在拍攝了。

所以我曾和合作的男優稍微聊過這個問題，對方表示並不會因為是男優，所以做愛就會比較厲害。厲害的其實是演技，而不是做愛技巧傑出，他說人們經常對此有所誤解。

身為 AV 女優，我很想知道高潮的感覺。

為什麼明明覺得很舒服卻不會高潮，我也曾找導演與化妝師討論過。越過山丘後（體會過高潮的感覺後），接下來就能更容易高潮嗎……真讓人煩惱。》

這時，我有了命運的邂逅。

在作品中，我第一次被「跳蛋責弄」。

在那個場景中，我有生以來第一次體驗了高潮的感受。

（世上竟然有這麼舒服的感覺啊！）

我很認真地這麼覺得。那種快感具有衝擊性，不，甚至令人感動。我覺得拍 AV 真是太好了，因為能夠遇見這樣的跳蛋。

如果私生活有男友時，假使他在做愛時想使用跳蛋，我想自己應該會拒絕。不過因為現在是拍片，儘管心裡有些抗拒，卻還是接受了。

結果我高潮了，這是我人生的第一次。因為太感動了，我在拍攝結束後還對導演說：

「這個很厲害呢。」

結果他這樣回答：

「對吧？嗯，這個大概要六、七萬日圓呢。」

咿～這麼小一個，所以裡面塞了超高性能的東西啊？若非如此，一次也沒高潮過的我，不可能會高潮吧……六、七萬日圓啊。

「妳那麼喜歡的話，可以帶回家喔。」

「真、真的嗎？謝謝。」

雖然心裡對自己是否能收下這麼昂貴的東西感到疑慮，但我還是經常使用。實際上，我一直到很久以後才知道，這個跳蛋在唐吉訶德只要用幾百日圓就能買到了。

暫且不論這個，以前不會自慰的我，也養成了習慣。

因為當時沒有交男友，所以從二〇〇二年年底到二〇〇三年新年，跳蛋可以說是我的戀人。因為有跳蛋的陪伴，我才不會感到寂寞。

要讓陰蒂高潮，我覺得跳蛋是最強的。電動按摩棒形狀粗糙得令人抗拒，而且不見得每個人都喜歡那種激烈的振動。從這一點來看，我認為任何女性應該都會比較偏好跳蛋吧。如果你是對無法高潮感到煩惱的女性，請務必嘗試看看。

藉由跳蛋記住高潮的感覺後，煩惱消除也能使精神穩定。

歐洲女性對性愛很主動，所以據說一般在百貨公司也會販售成人商品。最近，大阪的百貨公司好像也有開設相關產品的賣場。不過比起其他地方，透過網路購物就能便宜且輕易地入手，所以不用煩惱入手管道。

就像這樣，只要了解能讓自己更舒服的重點，和男友的性愛也能更加開心，當心靈解放後，樂趣也會變得豐富。

我也開始覺得，如果自己能更早一點學會自慰就好了……

「吉澤明步」出道的二〇〇三年。

我在稍微有餘裕的 AV 拍攝時間表上，安排了自己的演技規劃，一邊和導演溝通一邊演出。因為陰蒂能高潮了，我覺得喘息聲和色色表情的演出也變得真實起來。

然後，寫真集要上市的二月二十日終於到來了。

我騎著腳踏車去逛附近的書店。看到寫真集實際被排在店頭的景象後，心裡這才湧現了真實感。雖然覺得難為情，但還是打從心底感到高興。
不過，也發生了讓我相當震驚的事。
前面提過我曾和在專門學校感情最好的朋友商量過加入事務所的事情，我也告訴她寫真集出版的事。
她好像也在書店看到了，知道是露毛寫真後，就發了郵件給我。

✉
為什麼妳會為了出名努力到這種地步？
就算脫掉衣服也只會變成周遭男性的色情道具！
我料想妳可能已經拍 AV 了吧。
想要出名已經沒辦法了！
我不知道妳是不是為了錢，不過不用刻意做那種事，做普通工作不行嗎？
傷害父母、朋友和自己，妳做的事又不能坦蕩蕩地告訴大家，一點也不光明正大，妳似乎是在錯誤的地方努力。
那種事不是應該努力去做的事。

不如說不要做還比較正常。

〈2003 年 2 月 28 日　13:00〉

我知道會被批評。

雖然知道，但還是很震驚。我覺得好痛苦……

可是，我是憑自己的意志開始的，因為並不是被騙，所以我不知道該如何填平那條不相容的鴻溝，我在筆記本上這樣記錄。

《現在，我並非獨自努力。

而是和許多工作人員一起努力。

所以一定沒問題的。即使所有的朋友都不認同我，但絕對還是會有人替我加油的。為了自己的幸福，為了聲援我的人們，吉澤明步不會輸的。

不管別人怎麼說，自己的心情才是最重要的。無論是什麼障礙我都得跨過去。

如果沒有那麼強烈的心情就贏不了！

我不會再讓人看見軟弱的自己。

那只會導致身邊的人額外替我操心而已。

軟弱就收在這本日記裡，持續地成長為強大的明步吧！》

在那之後，她和我走向了截然不同的人生。

我從事AV女優工作的十六年期間，她步入婚姻，然後生下了四個孩子。

其實，在她生了第二個還是第三個孩子之後，我曾和她見過面。

我為自己、工作的事而煩惱。而她則是為了孩子、家庭而憂心。彼此煩惱的性質差別實在太大，於是我也不知該如何是好。

現在我引退了，如果見了面，該和她聊些什麼呢……？

天使的花蕾

我的AV出道作品《天使的花蕾》在三月二十八日發售。

我在上市前就已經收到，自己一個人先看過了。「AV 女優•吉澤明步」的出道作問世，我無法忍住不去看。

（我露出了這種表情啊。）

我覺得那彷彿不是自己。聲音聽起來感覺也有差異呢。最初的訪談僵硬到令人發笑。即使覺得羞恥，只要多看攝影機應該能把感受傳達給觀眾。雖然一直盯著鏡頭也太過度，不過偶爾仔細一看，我想應該還是能讓觀眾有些心動。

當腦中一片空白的我和平本先生翻雲覆雨時，感覺是大部分的體位都被用上了。我很努力地發出喘息聲。

即使只透過畫面，也能清楚地知道我在第二天的拍攝有比較放鬆了。有時還會開心地笑著。

被發掘後八個月，有點——雖然這樣說感覺很短，不過在我的人生中，是最緊鑼密鼓、激盪的八個月。

於是，「AV 女優•吉澤明步」誕生了。

第 3 章

出租版 AV 的洗禮

出道活動

我在二〇〇三年出道。

在AV業界，加盟既有的日本VIDEO倫理協會的出租型廠商，和新興的販售版影片廠商展開激烈的交鋒。現在，AV的收看方式也以訂閱制（＝定額無限收看）為主流，雖然出租型和販售型的作品內容沒什麼差別，不過在當時有很大的差異。

進行自我規範的販售版影片內容比較露骨，馬賽克也很小。和我簽約的「Alice Japan」和「Max-A」，是加盟日本VIDEO倫理協會的出租型大片商。

出道作品在三月二十八日發售後，採訪和拍攝突然變多了。當時高昂的心情記也在筆記本裡留下了紀錄。

《各家雜誌似乎都設有新人的特別攝影採訪專題，所以最近寫真照的工作很多。拍宣傳照時很開心，而且還能和結識許多編輯和工作人員，因此我非常期待。希望他們也會想要再次跟我合作。

我希望能成為被工作人員們所喜愛的明步。》

雖然現在幾乎都已經消失了，不過以前各家中小型出版社，會發行以 AV 資訊為主的成人影片專門雜誌。因為那是個還沒有智慧型手機的年代，所以作為 AV 資訊的情報來源，雜誌也扮演了非常重要的角色。

此外與現在相比，一般的男性雜誌或週刊雜誌也更常以 AV 作品為題材。幫我出版寫真集的英知出版，旗下的專門誌《Video Boy》甚至有讓我進行連載。寫文章和構思企劃對我來說是很棒的刺激，非常有趣。

只不過，就在眾家媒體以新人 AV 女優・吉澤明步來報導我時，其實我在那個階段已經拍了第七部作品。

《第一部劇情式作品!!以『穿越時空的少女』為概念，描寫與青梅竹馬的戀情，和為了恢復以前身體的艱苦戰鬥……內容是這種感覺。拍戲很開心呢。雖然需要表現力，可是發揮演技非常開心。

明步在演戲!!我完成了感覺很不錯的工作。

不過啊，這次第一天拍攝時的男優令人很困擾。他說自己入行才四個月。而且是個容易害羞的人，還沒完全習慣。明明是由他自己拿著攝影機拍……可是並不順暢，最討厭的一點是，他讓我雙腳張開，然後只拍那裡。後來又一直把攝影機擱在一旁。我心裡想著：喂喂，你有沒有好好拍啊～？

看起來很溫柔，卻不擅長對待女性。我對於這點有些不滿……》

我自己也是才剛工作四個月，但是頗能寫出真心話。

當時，雖然在各種情境下拍攝，不過印象特別深刻的，就是劇組有一次真的去商借獨居女性所住的房間。

雖然不明白是怎麼進行的，不過似乎有人去募集願意出借住處的女性。所以我也曾有過好幾次在主人不在的房間裡拍片的經驗。

那裡散發著住家型攝影工作室所缺乏的真實生活感。而我也記下這樣的真心話。

《今天拍攝的地方是借用實際有人居住的房間來拍攝。工作人員在房裡四處探索……應該說在看抽屜或照片。

如果只是邊看邊說句「這是什麼？」的話還可以理解，不過那不管怎麼看都是太超過的行為，令明步懷疑起自己的眼睛。真是難以置信。翻看別人數位相機的影像或名片夾，這……根本不能說是好奇了吧？已經是在侵犯他人隱私了。

我心想：我絕對不會借房間給人！》

出道後的四月、五月，從那一年開始 AV 作品的拍攝是一個月一部，不過因為還有寫真照和訪談的關係，讓我過著非常忙碌的日子。

也許是擔心我的身體，或者是想要讓我開心，S 先生和 T 先生每天都會帶我去吃飯。而且都是很美味的餐廳。

兩位事務所社長都說「盡量吃」，所以我覺得自己應該可以放心地大快朵頤吧？忙碌的壓力使我大吃特吃。因為年紀還輕，所以就盡可能地享受。

那時，我和先前拍攝寫真集時關照過我的化妝師，在一個拍攝寫真照的場合又見面了。那一瞬間，她的臉上露出了疑惑的神情。

雖然化妝師沒有直接對我說，不過在拍攝的空檔，她似乎向T先生給出「最好讓她減肥一下」的建議。

事實上，從拍寫真集那時一直到現在，我胖了三公斤。我心想光是看外表就有那麼明顯嗎？感到非常震驚。不過冷靜思考一下，對女人來說，三公斤可是非常不得了呢。因為身體曲線和臉部線條都會因此改變。

其實看看自己的寫真照，拍出來的成果並不讓我滿意，但是我輸給美味的誘惑，所以對於這個問題我多少也有點鴕鳥心態。

不過，之前還要我盡量吃的T先生和S先生，此時也突然開始叫我減肥，不免讓我在內心犯嘀咕：「你們還真敢說啊！」

然而，最大的原因還是在於自己的惰性。因為每天都在工作，所以會覺得吃飯時至少要慰勞自己、盡情大飽口福，抱持這種心態的我實在太寵自己了。

這樣下去是不可能變成第一的。成人影片雜誌裡頭會刊出許多AV女優的清涼寫真。在這當中我必須是最引人注目的。當讀者看完闔上雜誌時，又還想再翻開來看一眼的頁面，必須是我。

在萌生這種意識時，就像追擊般發生了令我大受衝擊的事。

當時在秋葉原的 YAMAGIWA SOFT，舉辦了我第一場和粉絲直接交流的活動。類似像脫口秀、簽名會或握手會那樣的活動。

那是出道約三個月後的六月二十一日。

（咦？和想像中的不一樣。）

現場大約有三十個人。當然這三十位朋友都是為了看到我才來的，我真的非常開心。不過，那個會場相當大，是能容納百人左右的空間。所以當下那幅景象非常寂寥。

AV 作品以一個月一部的步調，已經推出了三部，寫真照和專訪也刊在許多雜誌與運動報上，所以我以為到場的朋友會再多一點……難道我沒有受到 AV 粉絲的期待嗎？

更令我震驚的是，當時因為地點是在秋葉原，所以至少還聚集了三十人，之後我也在地方舉辦了好幾次出道活動，沒想到有時只來了十個人。在這種情況下，粉絲對我很費心照顧，他們會連排三次隊，或是多跟我說上一點話……真的對他們很抱歉。

在我沮喪的同時，好勝心驀地開始產生。

我暫且戒吃米飯和義大利麵，然後開始上健身房。

我覺得不只是得瘦下來，還要雕塑身體曲線。我用因應塑身需求的健身器材做肌肉訓練，到游泳池游泳，也加入舞蹈教室課程。

因為不能在全身美容之類的花那麼多錢，所以一個月只能去一次，不過總之我想從體內改變，所以每天攝取蛋白質。

這時我的意識真的出現轉變了。

我必須更加鍛鍊自己的肉體！

過去的我以為，只要脫掉衣服做愛，以AV的形式演出，自然就會引起世人矚目。因為得像這樣自己把自己會感到羞恥的地方攤在陽光下，我覺得變成第一是理所當然的。

為何我以前會這麼想呢？

明明知道世上可愛的AV女優多如過江之鯽，又為什麼會相信自己能成為第一呢？

我果然沒有正視現實，一直在逃避。

在如此眾多的競爭對手中，如果想要站上頂點，就必須比那些競爭對手更加努力才行。對 AV 女優而言，堪稱生財用具的身體必須塑造得更有魅力。我一直在逃避這件理所當然的事。

為了我而前來參加活動的粉絲們，或許也讓我察覺到了這一點。我要為了這些朋友而努力。

距離第一次拍攝過了大約半年，出道作發表也已經過了三個月。

我終於產生了作為一個專業 AV 女優的自覺。

不過，由於每天節制的反作用，一有連續兩天的休息時間，第一天我就會先去超市大肆採購甜麵包或果凍等平常忌口的食物，然後吃到肚子快要撐破。

然後第二天我就什麼也不吃，把自己關在健身房裡運動流汗。

如果這種狀態越來越嚴重，或許我會陷入反覆暴食和厭食的迴圈。幸好我避免了這種情形，最後，除了增加的三公斤之外我又多減了四公斤，合計起來成功地比最重的時候瘦了七公斤，並且維持到現在。

嗯，不過比起體重，維持體態更加困難……

並且還有一個問題，對 AV 女優來說，最重要的還是性愛的內容。

一年十二部的拍片合約已經拍完九部，這時只剩下三部。如果要帶來某些變化的話，這也許是最後的機會了。

開始減肥與肉體改造不久的七月初，在進行第十部作品的拍攝研討時，導演也針對我先前作品中的表現指出一些缺點。

《今天導演說，目前為止的作品已經定型，沒有變化起伏。

因為想要表演而讓自己因此定型，所以總是呈現出同樣的表現，有些地方也都是在走相同的模式。這裡要發出聲音、那邊大叫「我不行了～」就好了，像這樣形成樣板式的發展，這點也被指出來了。》

我心想：哦，好像真的是這樣……

果然，因為有「被人看著」、「這是在拍片」的意識，所以我帶著自己必須做出一些舉動的想法來應對纏綿時的場景。

「我想打破妳的窠臼。」導演這麼說。「不必刻意讓自己發出喘息聲，如果是自然而然地發出聲音那當然沒問題，可是你不必勉強出聲也沒關係喔。」

可是，要我在正式拍攝時別去意識到這些反而很困難。說得淺白點，大概就是不要太求表現、不要想太多，但是具體而言該怎麼做才好呢？我真的為此非常煩惱。

接連幾天，我一邊過著拍攝寫真照和上健身房運動的生活，一邊尋找答案。但是我過度思考「不要想太多」這點，後來終於搞壞身體了。

父母發現了

第十部作品敲定在七月二十一、二十二日這兩天拍攝。

可是到了十九日，我的身體還是很糟，不但發燒、鼻水也流個不停。

因為不覺得能在一天內就可康復，於是我們拜託劇組將拍攝日延期。

自我管理不佳給許多人造成困擾，讓我陷入了沮喪的情緒，導致身體狀況更加惡化，甚至被激烈的腹痛襲擊。

這時，母親打電話過來。

因為她的樣子實在和平時不太一樣，所以我不禁猜想，難道……果然討厭的直覺料中了。她懷疑我是不是跑去拍 AV。

因為內心動搖和腹痛讓我連話都說不清楚，所以我暫且先掛斷電話。稍微冷靜後，我撥了電話找 T 先生商量，然後重新打電話回家。

以全盤否定的態度——

我從一開始就完全信任事務所的社長，也就是像經紀人一樣照顧我的 T 先生。大概像是雛鳥會把最初看見的動物當成父母的「印痕效應」吧？在 AV 的世界裡，T 先生就是我的父母。

「全面展開宣傳活動會比較容易拿到工作。」T 先生在我出道之前曾這麼說過。也就是說，不管什麼媒體都去露臉曝光，人氣與知名度才會變高，在一陣深思煩惱的最後，我也決定這麼做。

當然，被父母發現的可能性也有閃過腦中。雖然我對於是否會演變成那種結果感到極度的不安，不過 T 先生表示：「絕對不會被發現。」還說：「基本上是刊登在成人影片專門雜誌或男性色情雜誌上，妳的父母不會看那種東西吧？」

然而出道後還不到四個月，父母就對我的工作起疑了。

他們倆究竟看到了什麼呢？

總之我重新撥打電話，在母親接起後就換父親講電話。

「總之我們很擔心。你趕快給我回家來！」

一向沉默寡言的父親聲音很粗暴。

之前我對母親說為了當「女優」，我加入了事務所。雖然還只能演電視的重現劇或是當雜誌模特兒，但是我表示自己一定會成為女優。

「那不是你從以前就持續追尋的夢想，所以也不需要放棄的勇氣吧？」

他們似乎並不是「確信」我在拍 AV。

雖然我堅決地全盤否定，然後掛斷電話，不過激烈的心跳並沒有平復。

從這天起開始，我曾有一小段時間在筆記本上寫下擔心被父母發現的憂慮心境，後來這種長篇文章變多了。有的雜亂無章，也有很多是鑽牛角尖，下面跟各位分享的就是節錄自其中的片段。在我的人生中，這肯定是最為煩惱的時期。

《我所做的事，即使夢想成真的那一天到來，在父母眼中或許也沒有任何意義……我第一次這麼覺得。

媽媽將我視為寶貝細心撫養長大，同意讓我離家過生活，也一直為我加油，任何事都能找她商量，理解我、一直支撐著我。而爸爸即使沒有顯露在表情或態度上，卻也容許我的任性。但是他們肯定沒有一天不擔心我吧。

即使我想思考、想做出選擇，我的想法卻很膚淺，或許我並沒有重視最重要的人——。

我所選擇的道路……是錯誤的……

失去後我才意識到這點，但已經太遲了，也許我明明知道，卻選擇了逃避。對我而言什麼才是最重要的呢？什麼才是必須重視的呢？我不知道……我好害怕。

即使如此，我依然不想放棄工作。

要把父母傷得多深才會發覺？

要把家人傷得多深才會發覺？

我覺得不管走到哪一階段，不想放棄的心情都不會消失——。

我這是固執？還是愚蠢呢？》

我真的肝腸寸斷，卻還是必須拋頭露面工作。

七月二十三日，我參加了在東京國際展示場舉辦的有線電視活動。我的燒稍微退了，身體狀況略微恢復好轉。在 AV 頻道的攤位上，我負責三十分鐘的舞台活動，在猜拳大會和攝影會上和粉絲交流。

唯獨這時我能忘了煩惱，露出笑容。

然後我和同一家片商的專屬人氣女優美竹涼子小姐一起參加簽名會。

明明從粉絲身上獲得活力，但一回到房間我又悶悶不樂起來。

那一晚，我寫下這段文字。

《想哭的時候就哭吧。

和開心的時候、歡笑的時候一樣。

想哭的時候，只要哭就行了。

不過，當淚水擅自滑落時，

我大概是想著什麼而哭泣吧？》

隔天二十四日是這樣的記述。

《爸爸以和之前不同的溫柔聲音留了訊息給我。

要保重身體，好好過日子——。

聽完之後，我心裡想著：謝謝您，對不起。

我想今後一定也會是：謝謝您，對不起。》

一年前被發掘似乎已經是很久以前的事。

我沒想到僅僅一年，自己的人生就有如此的變化。

和那時相同，東京的夏天有種擺脫不開的潮濕炎熱。

每天工作結束後，晚上我會在房間裡靜靜地思考許多事情。

然後就在七月三十日的早上——母親打了電話過來。

「今天我和爸爸要去妳住的地方。」

「……嗯。可是白天……」

因為我有寫真照的拍攝工作，所以請他們結束後再過來。

我在拍攝現場對 T 先生提起這件事，他喃喃自語：「這一天終於來了呢。」

晚上，我去最近的車站迎接父母。他們是第一次來我住的地方。

兩人和在電話中說話時不同，跟平時沒兩樣。但這反而讓我覺得他們內心對我從事的工作已經很篤定了。

他們看到的是一本男性週刊雜誌，而且上面刊的不是我的寫真照，只不過是張為了宣傳所刊載、只有證件照尺寸大小的影音包裝盒照片。

為何這樣就會被發現呢？雖然我有些疑惑，不過只要是認識的人，一看就知道那是我。所以我的父母也不可能看錯。

我覺得與其隱瞞，現在也許是坦承的一個好機會。

於是我承認了自己在拍 AV 的事。

我們徹夜長談。我被父親責備了一整晚。被狠狠地叱責了。

「竟然跑去拍成人影片，妳到底在想什麼？妳不覺得羞恥嗎？妳只是被騙了。不過是用完就丟的棋子。妳沒發覺嗎？妳可以明白父母的心情吧？快去事務所說妳要辭職。」

父親眼中所看到的，只有我去拍 AV 的這件事。

可是我想繼續工作。現在放棄的話，就什麼都不剩了。我希望等到夢想達成後再辭職。我拚命地向他們表達自己不想半途而廢的意志，母親則說：

「妳已經上過電視了，也拍過片，雜誌上也刊了，想做的事已經都做到了吧？除了這些之外，妳還想要什麼呢？」

她似乎覺得我是抱持玩票的心態去製造回憶。

再這樣下去我會被帶回家的。

現在能拜託的只有 T 先生了。於是我抱著姑且一試的想法聯絡他。

「我知道了。我在事務所等，請你們過來一趟吧。」

得到了可靠的回答。

「一起去事務所聽他怎麼說吧。」

隔天，我帶著父母拜訪事務所。我覺得聽了T先生的話，他們就會明白我沒有被騙。

然而，父親和平常判若兩人，他激動地說：「我現在就要帶她回家！」T 先生回答：「我明白了。請您放心。不過，要辭去工作是可以，但我們已經安排了不能取消的工作，所以請務必再等候一個月。」

父母把我留下來，不情願地回去了。

我還以為 T 先生會幫我說服他們……為什麼會變成這樣？

《因為我沒想到 T 先生會說「我明白了」，這讓我很沮喪。啊～已經沒有人要支持我了……一想到這裡就覺得很傷心。

即便想要繼續下去，但現在似乎也只能辭職回家了。

因為，事務所說要停止宣傳。

啊～真的結束了。

後來我聽說，T 先生表示想要給我時間思考，為了爭取時間，所以他才才會要我的父母再等一個月，不過，我第一次開始對他所說的話感到懷疑。》

發生這種事的隔天，我接受了雜誌採訪。

如果照這樣下去，就會像 T 先生對我父母所應允的，再過一個月我就不能當 AV 女優了。假如我拒絕，或許就代表著要和父母訣別。

《採訪時，我被問到拍片的理由及目標，還有到目前為止心境如何，因為過程中發生了很多事，一想起來就覺得難過。

明明心想絕對不哭，眼淚卻快要奪眶而出……

可是今天面前的編輯、撰稿人和攝影師，不可能會知道我的這些情形，他們正在和今後也應該會繼續努力的吉澤明步一起工作。

「今後我也會支持妳喔，請多加油。」我感受到他們的心意。

他們應該沒有預料到或許我會放棄。「明步，你要朝著夢想持續努力喔。」雖然這句話令我非常開心，但同時也是令我感傷的話。

現在我的內心深處，是要放棄還是繼續前進，我還沒下定決心。》

十分困擾的我決定找 S 先生商量。結果他說：

「咦?他這樣說啊?那樣根本沒有解決任何問題啊。」

他建議我寫信告訴父母自己真正的心情。

「我知道了。我會寫的。」

我無條件信任的 T 先生，他的言行卻令我難過得不得了。

之後 T 先生也和以前一樣陪著我到工作現場，不過我也逐漸看清他並不是我所想像的那種人。雖然他就像真正的父母一樣照顧我，但他似乎有對事務所其他女孩出手的舉動。

後來就換成另一個男經紀人陪我去工作現場。

除此之外，T 先生好像也有一些問題行為，讓他在公司待不下去。最後他沒對我說半句話，就這麼消失了。

從最初見面時開始，T 先生肯定也非常努力地為我設想。他認真地思考我的事，和我一起朝著夢想邁進。

唯獨這點，至今我依然堅信不移……

碧藍的回憶

八月一日、二日——雖然我想寫信給父母，可是信紙仍一片空白。

八月三日和四日，是延期的第十部作品《碧藍的回憶》（碧い想い出。十二月二十六日發售）的拍攝日。

我前往山梨縣河口湖附近的住家型攝影工作室。我們先在湖畔拍攝形象特寫，然後移動到工作室。這裡比東京涼爽許多，氣候十分舒適。

說到底，這次的拍攝就如同一個月前被導演指出的缺點那樣，能否自然且不做作地纏綿正是決勝關鍵。之前太執著於表演，所以過度凸顯自己了。

捨棄表演的意識，呈現自己「原本」的感受方式，就是這次的主題。

然後在進行第一次纏綿時，導演喊卡了。

「這樣下去就和之前一樣。那就沒有任何意義了。」

稍微暫停一陣子後，才再度開始拍攝。

《我連展現自己原本的面目都做不到嗎？

我都這麼努力表現了，也無法傳達給大家嗎？

我想更加呈現出自己所不知道的自己。想變成心胸更加開放的我。我發自內心祈求。再一點、再多呈現一點，我打從心底尋求。

因為我討厭被要求卻無法回應的自己。

這個部分真的會出現好強的一面……可是，我變成了打從心底對於做愛想要更有感覺、想要變得舒服的我。

最後，性愛的激烈感，加上連這種事我都做不到的心情，還有最近被父母發現的煩惱等情緒全都一口氣湧上心頭，讓我難過得流下淚水。這些也都被拍下來了……

不過因為那些事無法對大家明說，所以我只能表示「因為太舒服所以哭了」。然後是癡女感覺的纏綿。因為是我想要的纏綿，比起扮演，導演叫我要樂在其中，隨心所欲地做愛……以原本的面目？

人在做愛時有原本的面目嗎？

因為我覺得，和喜歡的人做愛時也不會是本來的面目。我會不知不覺地想對眼前的人展現自己。因為我希望被愛。

我覺得真正的「本來面目＝態度自然」的自己，只有在沒有其他人的空間裡獨處，像是浴室或廁所，僅僅一瞬間放鬆的時候，才會出現。》

搭乘外景車回東京的路上，我對導演說：「根本沒有以原本的面目來做愛的人吧？」他也只是「唔嗯～」一聲地苦笑。

可是我在這部作品中，是打從心底希望對方接受我……我能感受到從全身湧現的「慾望」。

藉由跨越這部作品、這次拍攝，我稍微摧毀了在自己心中所創造的障壁。雖然那並非是原本的自己，但我覺得能夠一邊被男優擁抱、一邊取下自己一直戴著的面具。

我覺得稍微看清了AV的本質——性愛。

在性愛這個部分，我感覺到能更上一層樓的可能性。

這部作品成了轉捩點，讓我決定以AV女優的身分「生活」。

《我一點也不想讓父母傷心、痛苦，我愛他們倆，最愛他們了。我想讓他們幸福。

建立在這個基礎之上的，就是我現在的夢想。我的幸福就是父母的幸福。父母的幸福也是我的幸福。這件事沒有改變，我真的如此期盼。

正因如此，我覺得該走的路只有一條。察覺到這點後，今晚我感到非常舒暢，我有了正面積極向前的心情。》

回到自己房間的我在筆記本上這樣記錄，那一晚我難得睡得香甜。

我在盂蘭盆節假期時回了趟老家，那是在拍片被發現之前就和母親約好了。對於「那件事」，他們並沒有說什麼。

目標變得明確，今後也會朝著女優這個「夢想」繼續拍攝 AV 作品，明明都這樣決定了，可是見到父母時還是會內心動搖。

我對母親可以老實表達「我想拍片」、「我想繼續」。總之一年合約還剩下兩部片，我告訴她必須拍完。

至於對父親的說法，因為 T 先生在七月三十日表示之後有「無法取消的一個月的工作」，也就是雖然八月塞滿了，但是之後我想辭去工作。

嗯，即使覺得心情輕鬆了，但是人不可能突然往一邊甩開向量。即使想要變得正面，也會留下負面的部分。

即使後來回到住處，還是有時積極、有時消沉，就像躁鬱症一樣。

《也許因為一～直煩惱，所以在工作和私生活都無法滿足的情況下，我連半吊子的氣力都擠不出來、就這樣過著日子。我的情緒到底處在哪一邊？越是思考，越會覺得是不是不該繼續下去——總是就是會想到這個部分。

明明不想抱持這種心情……

因為這個問題，我對於工作也無法鼓起幹勁，也沒辦法更加進步。明明決定要繼續，為什麼會感到猶豫呢……？為何看不清所有的事物呢……？

現在的狀況，不是一年前的自己所希望的狀態。因為對現狀感到不滿，所以反而會多想。

應該能繼續努力才對，我覺得自己的意志也不夠強烈。

所以已經一年了……是這樣嗎？所以已經要結束了嗎？

「沒那個心就不應該做這個工作。」

我所做的事，不是為了金錢。

可是，如果只論結果，就是這麼一回事呢。之所以無法前進，是因為我還不夠認真嗎？我喜歡決定要做，就會努力的自己。這種積極的心情成為力量，讓我有活著的實際感受。也許現在的我又「死去了」也說不定。

我想在變成失望之前捨棄猶豫。》

在筆記本上寫下這些的時候，八月已經快結束了。然後就在那一天，我總算提筆寫信給父母。

我帶著想傳達的心情，用小小的字將五張信紙寫得密密麻麻的。

我在信封寫上老家地址和母親的名字，然後投進郵筒。

兩天後母親打電話過來。我們倆斷斷續續地講了許多話。有時哭、有時笑，母親想對我傳達的，就是下面這件事吧。

「我不能認同妳做的事，也無法替妳加油。但是，既然自己的女兒選擇努力去做，我想相信妳的生存方式。」

謝謝……

父親沒有聯絡我。也不知道他究竟有沒有讀過我的信。不過，從那以後直到現在，他一次也沒有提起我的工作。也許是母親一直在努力地幫我說話吧。

因為總算可以吐露自己的心情，我稍微變得輕鬆許多。

九月要拍攝的，是我的第十一部作品《女尻》（二〇〇四年一月發售）。

這是 Alice Japan 的專屬女優一定會演出的知名系列。雖然有許多前輩演出過，不過大家在包裝盒封面上的姿勢相同也是箇中特色。

四肢著地上半身伏下，頭抬起來，臀部高高地翹起。

如果從正面拍攝，在笑容的另一邊會浮現臀部的雙丘，形成這樣的一幅畫面，不過這個姿勢可比想像中的還更累人。在維持難受姿勢的情況下面露自然的笑容，是極為困難的事。超可怕的，女尻！

即使如此，我總算還是完成了封面拍攝，那一晚，我和 T 先生以及片商的製作人，三個人一起去吃飯，那時我的情緒非常高漲。

《我得到 Alice Japan ＋ Max-A 的延長契約，今後我會更加努力！希望能有更

多與粉絲見面的機會☆

這可以勉勵我，而且我也想增加替我加油的粉絲。

我要拜託製作人先生幫我辦更多場簽名會！》

沒錯，再一年，從二〇〇四年三月期開始的專屬契約已經決定了。

而且第一年合約的尾聲，在十月所拍攝的第十二部作品《TABOO》（二〇〇四年二月發售），對我來說實在是具有象徵意義的作品。

對我來說最大的禁忌，果然是拍 AV 這件事。至於從專門學校休學，也是過去的我無法想像的事。

《我是 AV 女優。

我有認真面對工作的態度，擁有目標，也很努力。我也帶著尊嚴在過日子。這樣和其他人到底有什麼不同呢？」

發掘、裸體、寫真集、和男優做愛、被父母發現……在短短一年的時間裡，許多事有如海嘯般湧上來，讓我沉溺於人生之中。》

而且，其實在這段期間還有一項改變。在朋友的朋友群之中，有個令我在意的人出現了，於是在成為AV女優之後，我第一次交了男朋友。

玻里尼西亞性愛

那個人比我大一歲，是以音樂家為目標的男性。

記得我是在加入事務所之後和他認識的。

最初相遇是跟AV圈外的同輩往來時，大家有時會去打保齡球、一起玩樂，漸漸地開始在意起這個人，然後兩人開始會聊天。

他是單親媽媽家庭，有個年紀有些差距的弟弟。

感情變好後，我也會到他家去玩，反而是因為那種家庭環境的關係，他們一家人的感情都很好，他也很疼愛弟弟。不只對家人，他對朋友也很好，相處時很溫柔，也許我就是被他這個部分所吸引。

後來我們自然地有了肌膚之親。

不，也許並不自然。我還是很介意自己從事 AV 的工作。如果說出來了，他會怎麼想呢？我不禁思考著這個問題。

可是在我揭露之前，他就先說出了自己的秘密。

「其實，我在當酒店星探。」

因為他想在經濟方面支撐家庭，所以從事比一般打工更好賺的工作。雖然並非同業，但我有種鬆了一口氣的感覺。

所以，我覺得他對女性應該也沒有偏見。

我內心七上八下，告訴他我有加入事務所，從事的是 AV 女優的工作，結果他的反應卻是：

「哦～這樣啊。真厲害。」

因為事務所那邊曾囑咐過「如果交了男友就要說」，所以我老實地報告了。

於是 T 先生說：「我有話跟他說。」而把他叫到咖啡廳，而且 T 先生還叫我別出席。T 先生似乎對他說了相當嚴厲的話。像是「明步是我們事務所重要的藝人。如果有個萬一，你能負責嗎？」

雖然在我眼中並非如此，但是不認識的人若是看到T先生，應該會覺得他是個相當可怕的人，我男友當時也「非常害怕地」縮起肩膀。

即使如此，他仍然回答：「我會珍惜她的。」因此我們被事務所承認了。

我想當女優，他有成為音樂家的夢想。現在的工作是為了實現夢想的必需品。彼此有這種共通點大概也很不錯吧。

所以，我和他都不會干涉彼此的工作，交往很順利。

不論是被父母發現還是工作上的煩惱，我都沒有認真地找人商量過。對我來說，能夠忘掉那些事，或許是因為擁有和他在一起的時間。

《12部片拍攝結束，迎接全新的第二年的第一部作品。

想要開心演出，一邊感受喜悅一邊努力——這是吉澤明步到去年為止的想法。這種事不用思考也是理所當然的，不過更進一步的課題是「我能體會角色的心情到什麼程度？被要求的表現，能否更自然、更有個人特色地演出？」

我已經不是那個只對表演的自己感到開心的我了。

作品會一部又一部創作出來。我想作為工作人員之一融入現場。希望能有意義地去做這件事。》

帶著這種幹勁所迎接的第十三部作品《歡迎來到 Max Cafe！》（ようこそ Max Cafe へ！），是在二〇〇三年十一月十八日進行拍攝。

雖然被父母發現並不算解決了，不過在我心中總算能跨越那道障礙，專屬契約也延長了，現在終於能專注在工作上。

然後，我的心中也許產生了一點空隙，讓我開始在意起私生活。

我必須多加思考和男友的關係嗎？

應該好好地面對嗎？

好不容易開始面對工作的情緒又偏移了。人心真的是性情不定。

從二〇〇三年年底到二〇〇四年春天，我開始在筆記本上寫下工作相關的日記，這種記述變多了。

《12月的拍攝，在 Alice Japan 的作品是自拍（self-portrait），不過在我心中產生了一些情緒變化，所以第14部並沒有滿意的成果。

「纏綿」……私生活與工作的SEX，從11月的拍攝以來，我也在不知不覺中感受到自己拒絕在工作上的SEX投入情緒。

——應該說，我察覺到了這樣的自己。這是非常重大的事呢。

吉澤明步的SEX充滿了愛意——明明我應該如此才對，所以這樣下去不可能把感覺傳達給觀眾的。

即使SEX也不覺得舒服，既沒有愛，也沒有感覺。

反而，我有種在勉強自己的感覺。這種表演沒有意義。為什麼會這樣？我覺得很難過。無法投入情緒的我，就不是吉澤明步了。

我，到底怎麼了？」

《SEX應該與心愛的人做才對。果真如此。今天我覺得很難過。

沒有情緒的性愛我辦不到，因為從一年前開始我就一直是這麼做的。所以，我努力地喜歡對方，希望能喜歡上，我有這樣的心情。可是，即使只有一瞬間，愛上男優的我……

雖然是捏造的愛，我卻被背叛的心情侵襲。》

《工作很忙，忙碌到我充滿各種情緒，要說是腦中只有工作，說起來也並非如此。反而，我認為忙碌的話就能有聯繫。可是沒有電話也沒有郵件，我甚至懷疑即使我死了他也一定不會發覺。

「我以為妳在工作」，這是我最不想聽到的話。因為聽起來只是推託之辭。明明在一起時得到滿足，感覺是非常親近的人，今天卻覺得他十分遙遠。話說回來，這是為什麼呢——？

即使沒有交往，當朋友也好吧？》

二〇〇四年——在前年夏天拍攝的《碧藍的回憶》纏綿時，對「慾望」開悟的我，和男優做愛時變得相當有感覺。

當然拍 AV 理所當然是靠演技。最初我是這樣扮演愛著男優的自己。然後喜歡上對方、把身體交出去。我自己也需要對方。

這樣一來，就能相當投入在做愛這件事上。

使用「最強的跳蛋」被責弄時，就感覺到很像鎖鏈滑落的感覺。理性拋到九霄雲外，能夠忘了演技。雖然並非百分之百，不過我清楚出現這種感覺的話，就能達到高潮。

不過，和他做愛時卻是相反。

約會時很開心，能一起度過的時間如膠似漆，身體接觸後就是做愛。到這個階段真的是因為愛情，而不是演技。

只是和工作的時候相反，在前戲階段被他愛撫時就是演技。

雖然我沒有拿他和男優比較，不過因為希望他開心，所以我表現出有感覺的樣子。我比工作上的做愛還投入了更多表演……

明明工作時是在表演，如果在私生活也在演，就會搞不懂何者才是真實。這點令我很難受，以至於我無法投入與男優的性愛。

我希望他了解真的獲得感覺的我。希望他能看看我真正高潮的時候。這種心情越來越強烈，但我不知道該怎麼辦。

這時，我在超商翻閱《an・an》的性愛特集，看到了「玻里尼西亞性愛」這個不熟悉的詞語。

那是自古在包含夏威夷、薩摩亞、紐西蘭等地的玻里尼西亞地方流傳的性行為方式，是不以插入為著眼點的性愛。

引起我的興趣的，是上面寫著「感受心意」、「能量交換」這種精神式性愛的認識方法。並且，上面說明的具體性行為，也和情慾性的愛撫、口交、大膽的體位、激烈的活塞運動等 AV 不可缺少的性愛要素，處於極端的光譜位置。

報導中介紹的方法，是將原本的玻里尼西亞性愛的重點改成現代式的簡化版，並且進一步改編成連忙碌的日本人也能實踐，只要想做任何人都做得到的方式，非常簡單易懂。

重點有四點。

◎彼此全裸躺臥，面對面。
◎三十分鐘內不能觸摸對方。靜靜地凝視彼此。
◎過了三十分鐘後開始慢慢地愛撫。
◎即使插入也只是互相擁抱，不做活塞運動。

雖然我想試試看，但是很煩惱該如何對他開口。
那是櫻花花蕾開始膨大的時候。
我不必工作的休息日，他白天就來我住的地方玩。
我覺得找奇怪的理由反而很怪，於是便自白：「其實到目前為止我都沒有高潮過。因為我討厭和你做愛時還在假裝的自己，所以我想試試這個。很抱歉一直沒對你說。」結果他似乎大受打擊。
然而，他重振精神，同意挑戰玻里尼西亞性愛。
仔細確認四個順序後，我們脫掉衣服。自己全裸相當難為情。而且身處在陽光充足的房間裡，所以更是如此。我們害羞地笑個不停。
在自然光的照耀下坦誠相見的我們，橫臥在床上面對面。
時鐘擺在只有我才能看見的位置。
其實規則是不能說話的，但我還是稍微攀談。
「你有什麼感覺？」
「有點奇妙。明明這麼靠近……」

豈止是伸手可及的距離。這距離即使不說話也能感受到體溫。

平常只要像這樣擁抱之後，就會親吻……可是，必須忍耐。我們凝視彼此，只是一動也不動。這段時間久得嚇人，感覺焦躁到極點。

不到十分鐘，害羞的笑容便消失了，我們嚴肅地凝視彼此。他開口：

「我想吻妳，可以嗎？」

雖然我也想，不過我看著他的眼睛說：

「不行。我們說好了吧。要忍耐三十分鐘。」

明明眼前是最喜歡的人，卻陷入不能觸摸的兩難。

「可是，啊～感覺好奇怪。」

「……我也是。」

十五分鐘後，我心中湧現了拍 AV 時感覺到的「慾望」。而且比拍 AV 的時候更為強烈驚人，可說是不同程度的陣痛。

過了二十分鐘，下半身開始熱了起來。我想和他做愛、想被他擁抱、想要擁抱他。慾望已經止不住，我知道自己越來越濕了。

我朝他胯下一看，他似乎也是同樣的心情，勃起的陰莖貼住下腹部。從龜頭前端流出考伯氏腺液，變得黏滑。
我強烈地想要他「插進來」。光是心裡這麼想，感覺就快要高潮了。
然後到三十分鐘之前一直都像是要高潮的感覺。我認為自己已經和他交心了。
他也眼眶濕潤，我像是要被吸進去般。這肯定是有生以來第一次體驗的感覺。
「……三十分鐘，過去了。」
這三十分鐘，感覺也像兩、三個小時。
也許是因為一直保持同一個姿勢，我們暫時無法動彈。
僅僅只是他的手指觸碰我的手指，我就全身抖動彈起。
我感覺自己要高潮了。不，我覺得已經高潮了。接下來的步驟是開始緩慢地愛撫，不過我們只有擁抱親吻，我就一直處於心醉神迷的狀態了。
他也是如此，苦悶地低喃：「快要射了。」
接著總算戴上了保險套，我以正常位迎接他。插入到深處，我們彼此都沒有動作，一動也不動地凝視著彼此。在我的體內，有他的存在。
我體內似乎被他的陰莖給填滿。就連心靈也被滿足。
「已經……射了。」

「……嗯，我也高潮了。」

那和拍 AV 時體驗到的鎖鏈脫落、理性拋到九霄雲外的快感不同，簡直是「感受心意」的高潮。人類的性愛真是厲害。

裸體面對面，意識到彼此，什麼也不做。這就是最大的重點。雖然起初覺得很害羞，但只要有心嘗試，並不是困難的事。

雖然和喜歡的人交往，但是卻沒有高潮過的女性，請務必體驗看看。感覺相處千篇一律的情侶，或者是想克服倦怠期、充實性生活的夫婦，也很推薦你們試試看。

不過，這個日本版的玻里尼西亞性愛，依我的體驗來說，持續兩、三次就無法獲得超越第一次的快感。第一次的快感甚至會令人感動，無法超越或許也是沒辦法的事。

重點在於曾經體驗過這種感覺。藉此兩人的心情將會改變。變得能理解彼此的慾望，也能交換性的能量。

換言之，在這段 AV 影像中絕對不會發生的三十分鐘內，體驗過只有凝視彼此的玻里尼西亞性愛之後，和性伴侶的內心距離會更加靠近，然後即使不特別做什麼，也能擁有充實的性愛。

至少我是如此。

粉紅色電影

多虧了玻里尼西亞性愛，我和他的性生活也改善了。當時是二〇〇四年的春天。AV作品還是以一個月一部的步調拍攝。另外就是一邊拍攝寫真照和接受專訪，偶爾會接活動的工作，然後我也開始在V-cinema或粉紅色電影中演出。

《雖是2天的拍攝，卻是在2天拍完3天要拍的內容，因此直到早上都在錄影。我累癱了……》

V-cinema和粉紅色電影是以低預算、最少的工作人員製作而成。當然，時間表塞得很滿，不過戲劇演出的部分很多，因此值得嘗試。特別是粉紅色電影還是用膠片拍攝，因此我印象非常深刻。

導演一出聲，便響起膠片喀噠喀噠喀噠喀噠地轉動的獨特聲音。

「預備～開始！」

一卷膠片似乎非常昂貴，所以不能 NG 的緊張感非常強烈。導演說在喊卡之前，總之就是繼續演戲。即使台詞有點出錯，因為聲音會後製錄音，所以只要臉上沒有顯現出來就沒問題。

果然和 AV 拍攝現場的氣氛不同。

在 V-cinema 關照我的阿助導演，後來在粉紅色電影導演出道時，他提拔我擔綱主角，我覺得非常開心。

我不想讓人覺得因為是 AV 女優，所以戲演得不好，因此我傾盡全力面對拍攝。我記得當時壓力大到快要吐了。

《一邊感受到壓力一邊演出。而且，周遭的演員都是有經驗的人，要是給他們添麻煩該怎麼辦……?對此我非常在意。

我覺得從所有共同演出者的態度中學到了不少。

面對劇本想像角色形象的方法、人格、情感、不讓這個角色的形象固定，要一直追求自己的想法，大概是這種感覺。

我覺得他們好厲害～我也覺得不想輸給他們。

盡全力在一個場景賭上的熱情，這些專業表演者的心態讓我覺得非常厲害。在這個以演員身分求生存的世界裡，如果碰上自己必須在某個場景或某作品中決勝的關鍵時刻，就絕對不能輸，若是拿不出這種魄力，就無法在這個地方討生活。》

錄影結束後，一起演出的資深演員對我說：

「雖然這麼說有點抱歉，但原本還因為妳是AV女優而沒把妳放在眼裡，所以對妳也沒有什麼期待，妳卻連我沒注意到的地方都有在思考內容，在面對作品的態度這個層面，我覺得自己輸給妳了。今後也請繼續加油喔。」

獲得這種評價，也成了我之後的幹勁。

另一方面，關於AV作品，明明已經出道一年了，但我卻沒有自己想像中那麼活躍，感覺有點停滯不前。

而判斷的依據，就是作品的銷售量和人氣排行榜。託大家的福，我每個月都會在成人影片專門雜誌上登場，寫真照的專題也不少。而各家雜誌在卷末都會刊出由讀者票選出來的人氣排行榜。大致上都是以前十名的方式來呈現。

我在每家雜誌大約是第三或第四名的位置，最好的結果也不過是第二名。這也讓我心中嚴重地糾結，以致無法成眠。

雖然也必須感謝投票給我的各位粉絲，但我無論如何都想成為第一名。而當時的第一名，有相當大的機率是蒼井空小姐。

小空到二〇〇四年為止是和我同一家片商的專屬女優，因此我也隱隱約約體認到自己和她之間存在著多大的差距。

《T 先生向片商詢問了數字，依目前的狀況，明步大約是小空的 6 成（銷售量）。雖然不差，可是距離頂尖還差一步之遙。為什麼？

「希望再跨越障礙一步」，這似乎是製作人的意思。

說到我是以何者為目標，那就是成為 No.1、成為女優繼續前進！既然從事這一行，我最想要的就是人氣。

光是簽下一年12部的契約就非常受到矚目了，甚至在同一家片商追加一年，合計24部，真的很厲害呢——雖然我覺得好像別人的事。

我覺得這半年就是勝負關鍵。》

雖說是勝負關鍵，那麼具體而言又該做什麼呢？這是一件很困難的事。

每天的工作都是決定好的，光是這樣時間表就已經相當吃緊了。如同例行公事般被給予的工作，光是完成這些，時間就過去了。

然後，夏天又到來了。

自從在夏天的新宿街頭被發掘後，已經整整過了兩年。

那時在心裡描繪的舞台，現在距離還非常遙遠，我快要搞不懂自己選擇AV女優這份工作的意義了。令人焦躁……

採訪也好、錄影也罷，即使我在工作現場表現得很開朗，我的猶豫與煩惱，仍會傳達給為我著想的人。

「看看這個。專訪的部分。」

有一次，製作人對我這麼說。

他交給我的，是我簽約第二年最初的作品《歡迎來到 Max Cafe！》。和出道作同樣是由村山導演拍攝的，真不可思議。導演把重點擺在專訪，可說是該作品中一定會收錄的部分。

影片中的我非常積極地說表示，為了實現自己的夢想會努力不懈的。明明不過是十個月前拍攝的內容，跟現在的我相比卻判若兩人。

我對粉絲率直地吐露感謝之意。

「是！我想做出更多讓粉絲開心的作品。」

我對著鏡頭說話的表情十分閃耀。

我在煩惱些什麼？為何現在的我在這裡停下腳步！

《2004 年 8 月 10 日。

我是從什麼時候開始走岔路的呢？

我是在什麼時候忘了那時的心情呢？

沒有半點猶豫，也沒有回頭，筆直地看著前方，眼中只看著光芒的那個階段。那道光芒是從何時開始轉變成別種東西的呢？

為何我沒有察覺？為何無法察覺？

我覺得很難過，但現在只能讓淚珠滾落——

現在的我並不是我。吉澤明步不知從什麼時候開始迷失了自我。也許我沒察覺到這點，固執地硬是想表示吉澤明步和以前並沒有不同，所以只被表面束縛，卻不知從某個時間點開始就已經看不清內在。

我自負《歡迎來到 Max Cafe！》是一年的集大成。

這部作品拯救了我，也讓我察覺到……導演宛如了解吉澤明步的一切。拍攝後經過十個月，終於能看到這部作品，我獲得了救贖。當時的我能抬頭挺胸地說：「我最愛自己了。」

就在察覺到自己在不知不覺中失去重要的事物的當下，我看著畫面上的吉澤明步直率的笑容，淚流不止。對於踏入這個世界，「真的是太好了。我敢說這是正確的選擇。不從事這一行，就無法獲得這種充實感。」我可以如此斷言。

這會是偶然嗎？出道作品的導演在一年後又為我製作作品，看了這部作品，就感覺它教會現今的我要重返初心。

如果要找回迷失的「自己」，一定就是現在了。》

我在筆記本中所留下的工作日記，在此結束了。

在新宿被發掘後的兩年，我跨越許多障礙，想方設法衝破巨浪，終於能毫不猶豫地前進。也許我是這麼想的。

現在的自己所能做到的，就是別去想多餘的事，努力在 AV 的工作做出成績。結果很不可思議地，也許是盡全力去做就會有結果，接著下一個工作又接續上來，然後又得到了新的工作，正向的循環開始順利地運作。

除了在 V-cinema 和粉紅色電影裡努力演戲，我在 AV 作品中也演出故事性強的戲劇型作品《R 孃物語》（R 嬢の物語。二〇〇四年十二月發售），獲得了高度評價。

二〇〇五年，我有幸演出電視劇《孃王》（東京電視台）。二〇〇九年我也演出了第二部系列作《孃王 Virgin》。

原作是在漫畫雜誌《Business Jump》連載，以酒店為舞台的故事，我飾演酒店小姐望月惠。雖然是在深夜時段播放，不過收視率似乎很不錯，我在街上被搭話的情形也變多了。

《孃王》前後雖是小角色，但我在一般電影演出的機會也增加了。

於是隨著工作的廣度擴展，自己的世界也跟著擴大了。我認識了許多人，受到了刺激。想法、對事物的看法、包含對金錢的感受在內，自己的思考也變得更深刻。我也遇見值得尊敬的專業創作者……就在這段期間，我和男友對於工作的熱情產生了差異。

雖然很抱歉，不過儘管他說是以成為音樂家為目標，但是他的生活方式看起來就是停滯不前。但是或許他有才能也說不定。他好像以影子寫手的身分，把樂曲賣給某些樂團。

最初我也說「很厲害呢」，可是就結果而言，那也不能當成自己的音樂，自己也不能現場表演，我覺得他應該再向前一步。

好不容易藉由玻里尼西亞性愛合為一體，可是也在其他的部分感受到差異。價值觀的向量有所偏移了。

或許他也感覺到了這點，有一天就突然表示：「我要去加拿大學習音樂。」

「那很不錯啊。我會在日本替你加油的。」

就這樣，為期大約兩年的交往畫下了句點。

他是不是真的到加拿大去了，我也不得而知。

搬家

雖然並不是因為和男友分手所以想轉換心情，不過剛好在我住的四樓公寓附近，正在建設全新的高級公寓，因為開始募集房客，所以我就去參觀了。

我看的房間位在一樓，窗戶很大，外面有寬廣的庭院。

隔開庭院空間的綠色植栽，光是盯著看就受到療癒。

因為是專用的庭院，所以能自由種植植物。能夠變換四季的景色非常有魅力。

這棟高級公寓整體都被高聳的圍牆給圍住，因此一樓在安全方面也沒問題。於是我決定搬來這裡住。

格局是1LDK。房租大約是十六萬日圓左右。
結果，我從二〇〇五年起在那個房度過了大約四年的生活。
住在那裡的前半段時間，我獲得片商的延長契約，出租型AV的作品推出將持續到二〇〇七年初。
不過，從那之後我決定轉籍到「S1」和「Maxing」這兩間販售版影片廠商，雖然從二〇〇六年就開始拍攝了。
算是我出租版影片最終年的二〇〇六年，讓我留下深刻印象的作品有兩部。
第一部作品是《相聚明步》（めぞん明步）。這是AV作品的首度嘗試，從四月開始連續三個月，像連續劇一樣發表。
如各位所料，這是《相聚一刻》（めぞん一刻）的模仿作品，我飾演管理員。
劇組在埼玉縣包下一棟公寓進行拍攝，拍攝當時是十二月、一月、二月，是最寒冷的時期。因為是屋齡相當老的木造建築物，風會從縫隙咻咻地灌進來，即使生起煤油爐也讓人冷得渾身打顫。
不過，因為真的很像在主演連續劇，所以我記得拍片過程也十分開心。
另一部作品，是非常不像AV的超級大作！

這是兩部連續作品，分別是七月發表的《大奥 淫之亂 花瓣燃燒》（大奥 淫の乱 花びら燃ゆ），和八月發表的《大奥 蕾之亂 明日姻緣》（大奥 蕾の乱 明日への契り）。

當時，在「Max-A」和我爭奪第一的 Mihiro 小姐，她和我以雙主演的形式出演這部作品。此外還有六、七位知名的 AV 女優一同演出，是難以實現的規模。現場有非常華麗的時代劇布景，穿和服的專家、梳日本髮型的床山也有三、四人。攝影機也使用吊車，或是鋪設軌道在上面移動。工作人員也是 AV 拍攝現場的幾十倍。

也許是片商的幾週年紀念，為了一直很努力的我和 Mihiro，製作了讓別家較難模仿的代表作，聽說社長無視核算問題決定出資。真的是無法忘懷的經驗。

我和 Mihiro 在那之前就經常在拍攝寫真照或活動的現場一起共事。從二〇〇四年起，也展開了北海道的節目錄影。但是，我們終究是工作夥伴的關係。

當然，在 AV 作品裡這還是頭一次一起工作。

絕不能輸給對方的心情非常強烈。

由於會在同一家廠商比拼人氣，所以我把她當成最大的競爭對手看待。我想

Mihiro 也抱持著同樣的心情。

雖然不到火花四濺，但肯定是投入了極高的注意力去意識對方。

而且，我覺得她並不喜歡我。

在那之後，我和 Mihiro 在二〇〇八年開始的綜藝節目《拜託了！麝香葡萄》（おねがい！マスカット。東京電視台）裡組成團體「惠比壽麝香葡萄」，我們以成員的身分一起在節目中登場。

Mihiro 在二〇一〇年從 AV 界引退，那一年的生日，我收到了她送來的，裡面還夾了一封信。

「以第一女優之姿繼續努力吧。」

讀到這裡時，我總覺得自己「被 Mihiro 認同了」，競爭心也一口氣冰消瓦解，感覺和她的距離也拉近了。

之後，在二〇一三年開始的《武井壯與滿足女神的新夜玉》（武井壮とマンゾクディーバの新よるたま。北海道電視台）裡，我們也一同登台。我在二〇一八年舉辦出道十五週年的紀念活動，Mihiro 也作為特別來賓蒞臨現場。

當時她暢談和我記憶深刻的故事，提到過去在拍攝《大奧》時的待機時間，我曾造訪 Mihiro 的休息室，問她：「方便的話，要不要聊聊呢？」

在那之前就和我想的一樣，她也覺得我是個有點難以接近的人。她笑著說：

「妳來找我說話，我覺得很開心。」

現在我們是無話不談的朋友。我覺得她是個無可替代的人。

第 4 章

販售版影片大放異彩

經紀人

我在二〇〇六年十月，從才剛設立的AV片商「Maxing」，藉由《第一支販售版作品LoveAcky！》（セル初LoveAcky！）完成了販售版影片出道。

當時氣勢如虹的販售版影片廠商「S1」，在二〇〇七年一月替我推出了《解禁×終極×極限馬賽克》（解禁×ハイパー×ギリギリモザイク）。

之後，我便以這兩間公司為主，持續展開活動到引退為止。

決定轉籍到販售版片商時，因為工作的關係，我的環境也有了極大的變化。

女經紀人小N開始跟著我。

在我從AV界引退後，她到現在也依然相當照顧我。

小N的存在非常重要。因為是同為女性，很多事不用說明她也能明白，她能理解我的心情，雖然我們絕非黏膩的關係，但已經像是家人的那種距離。

雖然我們個性完全相反，但是比起私生活，會更以工作為優先的這個層面，我們擁有很多的共通點。

如果沒有她，我絕對不會持續在 AV 界拍這麼久。

也許這是我的偏見，但我覺得女人啊，通常交代對方不要對別人說的秘密，常常在轉眼之間就傳開了。

關於這點，無論對小 N 說什麼，她都不會對別人說，找她商量時也會給我客觀的意見。真的是一個值得信賴的人。

今後也希望她能繼續扮演我的同伴，一起挑戰許多事物。

結合部

販售版影片的拍攝非常具有衝擊性。

特別是 S1 的《終極 × 極限馬賽克》，是當時超受歡迎的系列，對我而言也是轉籍後的第一部作品，導演是獲得許多大獎的紅人秋秀人先生，即便我傾盡全力地面對拍攝，但是他的要求還要更高。

在群雄割據的AV業界，片商為了生存，更不用說想要掌握霸權，光靠一般的努力是不行的。

S1想要成為這種片商生存下去！他們有明確的方向。深切地向大眾傳達出絕對要讓作品大紅大紫的意志。

為此，不能抱持只要籠統地拍攝做愛就好的態度，關於纏綿的畫面表現也有具體但簡單明瞭的規則。

其中最具象徵性的規則，就是在性愛場景時，女優的臉和結合部必須在拍攝畫面中同時入鏡。

就像標題名稱加上「極限馬賽克」那樣，得盡可能把修整的馬賽克變薄、露出到極限，正是表現重點所在，因此該如何傳達給觀眾——

為此即使只拍出結合部也沒意思。

同時拍下女優有感覺的表情，就能呈現出更加煽情的畫面。

所以，導演和攝影師會拚命尋找能把女優的臉和結合部同時收進畫面的角度。

並且討論那個角度拍攝的話，是否能確實地插入，還有順利進行後續的抽插。

在之前的出租版作品中，性愛場景很重視「流程」，工作人員之間會謹慎地重複多次排練。

所以男優和我都必須以精密計算過的體位插入，也就是說得去進行那些平常做愛時不可能會意識到的事。

此外，我為了能確實地讓鏡頭拍到自己的表情，必須把喘息的臉對準那些從不可能的角度拍攝的攝影機。

因為能清楚地看到鏡頭，就我而言實在是超讓人羞恥的，不過與此同時，我也感受到在「拍攝」作品的那種表演者意識。

而且第一部作品的導演秋先生，對於自己製作的場景有強烈的堅持，明明開始纏綿，很普通地親吻，衣服也脫到一半了，但如果他覺得和自己想像的畫面構圖不一樣，就會一臉沒事地說：「唔嗯～那個，從開頭的地方再來一次吧。」

這才是普通性愛中不可能出現的情形吧？

男人和女人正打得火熱，一邊呼呼地喘氣、一邊脫掉彼此的衣服，變成有失體統的模樣，可是他在這時就會突然改變主意：「還是先扯下裙子會比較興奮。」於是我們得再一次穿戴整齊，然後重新開始做愛。

在此之前，我從沒遇過這樣的導演。

在進行出租版影片的拍攝時，也時也會被命令重拍，不過那是希望我不要演戲，要表現原原本本的性愛，那是極有感覺、極有感情的要求。一般是開始纏綿後，大部分的導演會首重流程，即使實際上多少與想法不同，也會繼續拍攝。

我也覺得這樣才能拍出不錯的性愛場景……

可是秋先生不覺得女優的精神狀態和幹勁能呈現在畫面上，他對於自己思考的影像，也就是如果判斷那並不是能使觀眾興奮的畫面時，就算做愛到一半也會不斷地喊卡。

所謂的恍然大悟，就是指那種感覺嗎？我覺得頭腦能夠理解了。「AV的性愛」應有的狀態，就是一下子進入體內。

之前我在內心某處覺得，和男優做愛時，必須表現心情、感情、愛情之類的東西。

明知那種事是不可能的，卻在這點上面追求意義。

轉籍販售版的同時，感覺那無意義的感情也被粉碎了。

感情？愛情？這種東西能讓看AV的男人們興奮嗎？

我是專業的吧？所以該重視的層面是什麼？
不就是滿足花錢的觀眾嗎？
記得有人對我這麼說過。
與其煩惱心情的表現，不如思考能否做出展現情慾的表情、能否扭腰，想出具體淫亂的表現，才是為觀眾著想。
纏綿的流程藉由編輯就能解決。親吻、愛撫和 69 式，全都經過計算再組合，致密地呈現色情的匠人作業，甚至令人在其中感受到魅力。
這簡直就是傑出創作者的工作。
作為其中一員的我，只要「做愛給人看」就行了。
自己的心情痛快解放了。身為 AV 女優的我也有所突破。
然後，每當我體驗「創造」出刺激性愛的販售版影片現場，就感覺原本的我和「AV 女優．吉澤明步」逐漸偏移。
那絕非壞事，演員就是如此吧。
我在 AV 中的性愛，說成肉搏戰或許太超過，不過就像職業格鬥技那樣，在對決時也要讓「表演要素」不斷增加。

無論是口交還是幫男性打手槍的技巧，以大膽體位扭腰，或者言語羞辱，專業的AV女優就是要呈現出普通女性做不到的性愛。

於是，一旦回到私生活時，我變得能順暢地切換成原本的自己。在和男友做愛時也是——

第二任男友

他是第一個讓我想要走入婚姻的對象。

我交了從事AV女優工作後的第二任男友，是在搬到新建高級公寓一陣子之後。記得在轉籍到販售版片商時，我們應該就已經在交往了。

他是以舞台劇為中心的演員。因為光憑這份工作無法餬口，所以他會在深夜時薪不錯的時段去餐飲店打工。

最初認識的契機，是我在V-cinema有個工作，因此獲邀參加戲劇工作者的飲酒會。

感覺有時候就會發生這種事呢，我一開始就覺得他相當不錯，然後他開口約我：「下次我們倆要不要見個面？」我當然回答：「好。」

他比我年長六歲。似乎也從一開始就把我當成戀愛的對象，感覺到交往為止，我們的進展都相當快。

因為他也知道我在拍 AV，所以幸好我從一開始不用逞強。

可是，我工作總是很忙，他也持續在深夜打工，所以我們經常無法見面。我對此感到不安，而且非常討厭這種情況。

「要不要同居？」

雖然這麼說，不過我才剛搬家沒多久，而且找物件很費工夫和時間，最重要的一點是，我很喜歡附有庭院的住處。

「你來我家住就好啦。」

結果就變成這樣了。

聊到這件事時，不清楚實情的人都會說：「他跑到妳家住啊？」或是「吃軟飯的男人啊？」不過絕非如此。大致上是我主動開口的。

而且基本上房租也是兩個人各出一半，該出錢的時候他還是會出錢。

接到舞台劇的工作後，因為排練和正式演出的關係，他會有整整一個月不能打工。演出費也微薄，

因此這種時候就沒辦法了。

雖然我會出錢，不過之後他也會多打工，好好地填補回來。

不過比起他還錢給我，光是看到他登台就讓我充滿了幸福的感覺。即使演出時間很短，但是他在聚光燈之下的身影還是令人神往。

在工作方面我也受到刺激，想要替他加油。

果然擁有夢想，而且朝著夢想前進的人很帥氣。

特別是演員之中大器晚成的人也很多，或許四十歲之前是有一餐沒一餐地努力，但之後或許就會出名。未來即便大紅大紫也不奇怪。

他即便每天打工，白天也經常會去參加電影的試鏡會，因此也曾在電影中登場過。

他這個部分很有魅力，我也是真心地支持他。

我們在性事方面也很合得來。總之我非常喜歡他，光是被他擁抱就覺得很開

心。雖然每天都想做，可是我白天要工作，他晚上要打工，這種日子持續下去，我們很難有時間做愛，不過這樣或許是一件好事也說不定。

因為私生活有他的存在，我對工作才能更積極。正因與他有心靈相通的性愛，連販售版影片的「突破式玩法」，反倒也能興致勃勃地表演。

有時在拍攝現場會發生討厭的事，但是只要被他擁抱就會因此被療癒。

我從事 AV 女優的工作，無論時間表被塞得多滿，他也完全不會否定，但也許他其實很在意。

只有一次，他生氣了。那是交往第一年的聖誕節前。

因為寫真照的拍攝工作突然取消了，我告訴他聖誕節的前幾天我有休假。結果他說：「也許沒辦法，不過我會問老闆打工能不能請假。」

我腦中只記得那句「沒辦法」，所以並不期待能和他一起過節，所以就預約了好一陣子沒去的全身美容。

當天我準備出門時——

「妳要去哪裡？」他問道。

「做全身美容。」

結果他的表情瞬間變得黯淡。

前一天，他買了聖誕玫瑰回來，不過因為是在這個時節，所以我並未特別在意。

桌上的聖誕玫瑰開得很美麗。

但是他突然抓起那個花盆，打開窗戶，直接扔到庭院中。

「啊……你、你怎麼了？」

事實上，因為他打工那邊可以請假了，所以為了跟我一起起過節，他才買了花回來。

「既然如此，不說有休假就好了吧？」

前前後後他表現出這種憤怒的，就只有那一次。

一想到他這麼為我著想，我覺得很高興。明明難得可以休假，我卻以自己為優先，對此我也反省了許久。

之後，我們的感情變得更好了。我們變得更需要彼此。

我覺得自己也想做點什麼來關心他，所以有時我也會幫他做便當。可以做這些，我也感到很開心。為此我還在個人簡介放上了「興趣是烹飪」。

現在回想起來，他是個很棒的人。如果可以和他結婚應該很不錯吧。

可是如果要結婚，我能否繼續 AV 女優的工作就成了問題，為了過生活也需要一定程度的收入。

他在工作的比例上是三分演戲、七分打工，然而和我同居後已經過了兩、三年，演戲的比例並沒有增加。

反倒是我從二〇〇八年開始錄製《拜託了！麝香葡萄》後，變得更加忙碌。

即使如此，因為有他在，所以面對工作我才能鼓起幹勁，而且同居也讓我安心。能維持自身內心的穩定。

可是，他的演員工作沒有增加，精神上或許也不穩定，雖然我並不是想說他變成一個吃軟飯的男人，可是在許多方面，他變得很依賴我。

結果，有一天他突然開口說：「請你再等我三年。」

「再三年，希望你可以支援我。」

如果還是無法做出成績，他就放棄當演員。

聽到他這麼說，我心想：「嗯？支援？我嗎？」因為我覺得我們不是建立在那種關係的交往，所以對於支援這個說法心有抗拒。應該說，我想要拒絕。

即使如此，我們仍繼續同居了一陣子，不過就在交往第四年的時候，發生了決定性的事件。我的錢不見了。

為了以備不時之需，我總是把五、六萬日圓的現金放進信封，收在餐具櫃的抽屜裡。那一天我忽然發現裡面空了。

因為也沒必要隱瞞他，因此他應該知道那裡有錢。

我打電話給人在外頭的他，說：「抽屜裡的錢不見了。」他有點慌張地回答：「啊，抱歉。我會立刻還妳，只是先借走了。因為我朋友要結婚，可是我沒錢包禮金。」

也許他說的是事實。

可是，連發封郵件說一聲都沒有，就偷偷地拿走，這種舉動讓我很震驚。

我的愛意以驚人的速度急劇冷卻。

「我沒辦法和你在一起了。」

雖然他拚命地補救，可是感情已經無法回到過去的狀態。

「……我沒辦法。」

他真的是個不錯的人，沒有繼續糾纏不休，我們也沒有發生激烈的爭吵。

可是明明都同在一個屋簷下共度了將近四年，他卻靜悄悄地離開了。

ALL STAR

轉籍到販售版片商第一年，我就演出了意想不到的作品。

雖然《大奧》也很厲害，不過說起來就是與 AV 截然不同的作品規模，而且拍攝風格等製作方法也非常驚人。

另一方面，剛剛提到的這部則可說是「THE • AV」那樣的作品，不管是登場女優的人數還是水準都超級驚人。

那是總人數十二名的演出女優，以吉原的超高級風俗店為舞台，競爭「豔技」的作品。

那簡直就是當時在 S1 活躍的全明星全體演出！

基本上，單體 AV 女優在一個拍攝現場大多就只有一位。

現在竟然有這麼多單體女優聚在一起要拍攝一部作品，當然我是初次體驗，不過內心也覺得「這做起來不容易啊」。

可是，也能藉此得知其他女優在拍攝現場是怎樣的言行舉止，像是在之後的拍攝過程中應該如何行動比較好，我就從中學到了不少。

另外作為反面教材也有助益，可以知道在這種時候不能做這種事。

說到單體女優，無論如何在拍攝現場都會被當成公主殿下來對待，所以終究會強烈地展現自己的主張。嗯，說得難聽一點，就是會變得任性。

對於討厭的事會清楚地表現：「討厭！」等待時間太長的話，就會脫口說出：「我累了。」

我在拍攝現場時不會表現出自己的情緒，不過看到這種事發生，就會覺得這樣不太好。於是我再次覺得，還是盡量抑制自己比較好。

反之，男優狀況不好，無法勃起，會有所謂的「等待勃起」時間，不過這時有些女優會驚人地上前奉獻。

攝影機又沒有開拍，男優也沒有拜託她們，卻主動幫忙打手槍或口交，看到那些女優這樣協助，就覺得實在太厲害了，我打從心底感到欽佩。

我在正式拍攝時，也能相當賣力地表演，不過在等待勃起時對男優做些色色的事，倒是從未有過。

男優也是專業的，所以我希望他們能自己想想辦法，但攝影機沒有開機還在現場做愛，實在太羞恥了。這點應該也是最主要的原因所在。

不過，男優變軟就不能進行拍攝了，所以在攝影機沒拍到的地方，工作人員們也同樣在努力。雖然我也覺得必須學習協助解除等待勃起時間的態度，不過那真的很難為情呢。

另外，關於纏綿的演技，這部作品十分刺激。

工作轉至販售版影片後，我必須先經過思考、再將言語羞辱或是淫語等比一般固有辭彙更重口味的內容說出來，像這樣的作品也增加了不少。

我正好希望能有這方面的表現力。

這時，這部作品中有五名女優一起纏綿的場景，其中有個出類拔萃、引人注目的女孩。

就像色情動畫的聲優一樣，她接連說出淫語句子，而且還富有獨創性。我立刻被那獨特的世界給震懾住。

我也想變成那樣，所以之後拚命努力練習。雖然我獨自待在房間裡練習言語羞辱的模樣，感覺相當滑稽就是了……

果然單體女優沒有這種武器就無法引人注目呢，我覺得那個女孩教會了我這件事。

而那個女孩，就是西野翔小姐。

當時表現就很出色的小翔，確實也因為擁有豐富的語彙和演技，所以碰上戲劇類的演出就能發揮出眾的實力。當然，她也了解AV的本質。

「做愛時幾乎沒有男優會打混。」她斬釘截鐵地說。

我現在依然覺得，她對於作品的幹勁和其他女優不同。

在這部作品合作時，雖然我們沒什麼交談，不過隔年，我們因為一起成為「惠比壽麝香葡萄」的團員，所以感情也變好了。她也在二〇一九年年底從AV業界引退，之後精力充沛地進行DJ等活動。

雖然無法經常見面，但我們還是會定期碰面，直到現在，我也一直從她的身上獲得刺激。

香港

拍販售版影片的第一年，為了宣傳而造訪香港，也讓我留下深刻的印象。

當時，香港的市面上充斥著盜版的日本 AV 作品，對於片商而言是非常頭痛的問題。不過，日本 AV 女優也因此在當地擁有很高的人氣，因此就順水推舟，打算在當地販售正版商品。

跟我一起前往宣傳的是 Mihiro。主辦宣傳活動的公司則是關照我的「Max-ing」，Mihiro 也是在那裡達成販售版作品出道的。在當地，Mihiro 和我在日本的 AV 女優中特別有人氣，似乎相當有名。

我在機場了解到我們的人氣的確是事實。

現場聚集了大批舉著「Welcome」牌子歡迎我們的粉絲。

也有一些在日本會被稱為攝影小子的人，在我們移動時會一邊哇哇叫一邊跟著走。我們幾乎是被當成明星來對待。

跨越海洋之後竟然還有這麼多的人認識我們。一想到這點就令人欣喜。

不過，這邊的朋友不像日本粉絲這麼有禮貌，他們會設法觸碰，並且奮力向我們擠過來。

在日本如果搭上車，嗯，原則上車子裡就會被視為私人空間。可是香港的朋友看到我們在外景車上待機，還是會砰砰地拍打我們座位的窗戶，一邊拿出照片引起我們的注意，想索取簽名。

若是打開窗戶幫他們在照片上簽名的話，之後便會一個接著一個，非常不得了。

宣傳人員告訴我們，在香港身為藝人，無論何時何地都要服務粉絲，因為他說得很理所當然，所以我沒有拒絕，一直在手冊或筆記本上簽名。

後來我和 Mihiro 一起在香港的電視節目登場，接受專訪、和粉絲玩遊戲，然後結束了宣傳活動。這時我和她並沒有多說什麼話。

前面也曾提過，我和 Mihiro 的感情確實變好，是在她從 AV 業界引退之後。在那之後，我們偶爾會一起去吃飯，她會聽我訴說工作上的煩惱，也有聊過戀愛方面的話題。Mihiro 是非常可靠的人，她很有自己的想法。

和可愛的臉蛋難以聯想的是，她的個性有點頑固。所以要是我說話不清不楚，就會被她嚴厲地叱責，所以她有點可怕呢。

不過她本人也說，自己最近變得圓滑許多了。

最優秀女優獎

在販售版影片正式出道的二〇〇七年，是我身為 AV 女優迎接重大轉捩點的一年。

出租版影片時代，我在自己非常在意的專門雜誌人氣排行榜獲得第一名的次數也變多了，然後又在「MOODYZ」的「年末大感謝祭 2007」獲得最優秀女優獎。另外，在 S1 的出道作，也在作品獎獲得綜合第二名的高度評價。

也許是因為《孃王》等作品的影響，舉辦活動或簽名會時，聚集到現場的支持者也開始變得多到讓人吃驚。

感覺好像看見了剛成為 AV 女優時的目標——「第一名」。

我對社長 S 先生開玩笑地說：

「我成為日本第一了呢。」

S 先生這樣回答：

「那麼，接下來就是世界第一喔。」

我心想：我只是想要獲得讚美而已。

S 先生似乎在擔心我是不是不拍 AV 作品了，所以才會這麼說，但我完全沒考慮到這種事。

雖然我一次也沒想過 AV 女優是我的天職，但我想試試看在 AV 界我到底能走到什麼樣的境界。這麼一想，便覺得雀躍萬分。

活動

隨著轉籍到販售版片商，我突然變得非常忙碌。

和出租版片商簽專屬契約時，雖然是兩間公司，但因為是同一體系的片商，所以是每個月一部，以兩間公司在一年推出十二部的形式。

因此，當時他們是一個月只讓我拍攝一部片。

販售版片商「S1」和「Maxing」則是完全不同的廠商，因此我和雙方各簽下了一年十二部，也就是合計二十四部的契約，因此每個月就必須拍完兩部。

雖說是一個月兩部，但是並非是花兩天的拍攝日就會結束。

拍攝基本上是每部拍兩天，所以兩部作品合計就要四天。包裝盒拍攝是各一天。磋商分別是兩天，合計四天，所以總結下來至少需要十天。有時會延期或重拍，所以要多加上兩天作為預備日，計算過後，每個月就要花上十二天。

再加上寫真照的拍攝工作，常常一個月有四、五次。

還有，在雜誌和運動報上連載的專欄也必須出外景，而且會不定期地加入V-cinema 或電視演出的工作，平日幾乎被塞滿了。

並且，週末也全都有安排活動。

在出租版片商時代的活動大約是三個月一次，不過轉籍到販售版片商後，每個月的時間表會有一個週末固定安排 S1 的活動，另外三個週末則是參加 Maxing

的活動。

至於為何會這樣安排，因為出租版 AV 的活動是以影音出租店的攬客集客為主要目的，只要年紀在十八歲以上，任何人都能免費參加。

可是在販售版影片專賣店舉辦活動時，為了獲得簽名或握手機會等特典，粉絲就必須購買 DVD。此外如果購買兩片 DVD，還可以和女優合影留念，若是買三片還附有可以拿到拍立得照片之類的特典。

換言之，活動的舉辦會直接關係到 DVD 的銷售量。

這麼一想，就會不禁讓人聯想到 AKB48 的握手會和總選舉的 CD 購買制度，會不會多少也有參考販售版影片的作法（笑）。

之所以會有這種想法，是因為我在 Maxing 出道的活動是於二〇〇六十月在秋葉原的石丸電氣舉辦，前一年開幕的「AKB 劇場」就在那附近，我記得她們也在同一天舉行了現場表演。

當時她們的人氣還沒有大引爆，就連來參與我的活動的人們也在談論：「AKB 是什麼啊？」換句話說，當時不管是握手會還是總選舉的模式都還沒有誕生，不過購買 AV DVD 的活動已經建立制度了。

每個週末活動經常都在地方上舉行，在體力方面真的很累人。然而可以直接和粉絲交流，也能知道大家究竟是如何看待我的、對我又有什麼期待，所以這也成了工作的巨大動機。

當年出租版影片的出道活動，現場只有十位參加者，雖然讓我留下了難過的回憶，不過我在那之後也慢慢地吸引粉絲，從演出《孃王》一直到轉籍的過程中，參加活動的人數也有了大幅的成長。

若是大型會場，大概會有三、四百人來參加，這樣一來光是和所有的人握手、簽名，再說上幾句話，就得花上數小時。而且還有合影拍照的時間……因此反倒讓我覺得只有十位參加者的活動實在是很不可思議。

讓我留下印象的，還有 S1 和 Maxing 的活動規模差距。

因為 S1 是大型公司，所以活動的準備與進行都很確實。

會場是設在各縣主要都市的商店，總公司的宣傳負責人會主導現場活動。也會有主持人或司儀炒熱現場氣氛，他們會以「從東京遠道而來的大咖女優喔～」來接待我。

另一方面，Maxing 是我在出租版作品出道時，才剛在 AV 業界展開活動的片商，因此地方的營業基礎也尚未確立。

因為商店還不太願意在貨架上擺放作品，所以總之只要有地方邀請，無論何處都會前去宣傳。

我也曾去過在一望無際的田中央，孤零零地聳立在那裡的組合屋商店。雖是通過田間小路從後門進入休息室，但不知道為何旁邊就是狗屋。因為是讓養在外頭的狗睡覺的地方，加上那天下著雨，非常潮濕，所以讓狗的騷臭味更加嚴重……

我坐在傾斜的鐵椅上，破破爛爛的桌子上擺了用紙杯裝的熱茶，不禁讓我心想：「要在這裡喝嗎……？」結果也不敢喝。

不過，即便是這樣的店家，雖然也不知人群是從哪裡來的，最後竟然也是個盛大熱烈的場面，所以很有意思。DVD也不斷地賣出。

大致上來說，Maxing的地方活動經常是在週末的兩天之類跑遍四個地方的模式。抵達時間大致是中午，然後進行脫口秀、簽名會或攝影會，然後再移動到下一個地方再進行一輪，時間上相當吃緊。

即使到了當地，也沒機會吃到當地的美食。

「非常抱歉，真的沒有時間了，吃這個可以嗎？」業務人員買來的是便利商店的便當。我說：「真的沒關係的。」然後總是在移動的車上打發掉一餐。

而且，如果在第一站的店家有超乎預料的顧客聚集時，若是一一應對，就會讓下一站的顧客等很久。

不過在這種情況下，粉絲反而會更熱烈地歡迎我，這真的很令人開心。關於這種活動，比起順利進行的情況，遇到難過的事或是運氣不好的時候，記憶反而會更加深刻。人心真的很奇妙呢。

粉絲

有位粉絲出席了我的活動「一千次以上」。

從我在二〇〇三年於秋葉原的 YAMAGIWA SOFT 舉行出道活動時，他就開始關注我，不管是脫口秀、簽名會、握手會、巴士旅行、惠比壽麝香葡萄的現場表演等，日本國內四十五都道府縣、香港、台灣、新加坡，他都到場支持。

可以說我是多虧了他，才知道自己竟然已經舉行了一千次以上的活動。在他的部落格上，即使說是刊載了AV女優・吉澤明步的所有歷史也不為過。有興趣的朋友可以用「吉澤明步粉絲部落格」（吉沢明歩ファンブログ）這個關鍵字去搜尋喔！

他告訴我，自從開始關注我以後，跑遍了很多地方，也因為粉絲的連結讓交友圈擴大了，人生也因而產生了改變。

就在我宣布引退之後，他久違地寄來一封信。

「雖然覺得這一天遲早會到來，但回過神來，我已經忍不住落淚了。」

如果沒有粉絲們的支持鼓勵，我認為自己就沒辦法在AV女優這一行努力這麼久。

對於諸位粉絲們，我由衷地致上深切的感謝。

群眾募資

單體女優

獻給AV的16年

吉澤明步

在我準備引退的時候，就想要製作某種可以當成紀念品的東西。

然後，配合二〇一九年三月的引退，最後決定製作寫真集。

因為想要盡可能地把自己和各位粉絲的想法化為形體，所以我打算由自己來籌措製作資金。如果利用群眾募資的話，或許就有可能實現。

我先將目標金額設定為四百萬日圓，開啟募集資金後……

沒想到竟然募集到一千一百二十二萬六千日圓！

多虧這筆資金，得以將非常巨大的（寫真集的格式也是）回憶化為形體。

在這16年間進行長期活動、迎接畢業的我，至此能收到廣大粉絲送來的謝意與聲援，對此我打從心底表示感謝。

我真的很幸運，能夠獲得各位粉絲的厚愛。

住所

和第二任男友分手後一陣子，剛好是《拜託了！麝香葡萄》開播的時候，那時同一棟高級公寓的五樓房間空出來了。

那個房間的客廳比一樓的更寬敞，還有廚房吧檯，是我理想中的格局。房間是西南向，過了中午後，直到傍晚都會有陽光照進來，因為環境也不錯，所以我決定搬家。

最開心的莫過於搬家作業很輕鬆。搬家業者也很高興。

之前搬家也是在跟男友分手後，不過當時並沒有什麼深刻的理由，真的只是剛好找到了不錯的物件。

這次的房租大約是二十萬日圓。

位於澀谷和新宿之間，家門前有巴士通過，搭計程車也很近，不管去哪裡都很方便，在地點方面也無可挑剔。

而且離明治神宮也很近，正好是被神社圍繞的區域，作為能量景點也是非常有名的場所。雖然我是偶然選中這裡，但是我在附近的美甲沙龍聽說，有人特意選擇這個地區搬過來。

我在那個五樓的房間住了三年。

要從那裡搬走時，我很在意能量景點這件事，剛好工作上有個企劃是請占卜師占卜，諮詢過後，好像是用塔羅牌或什麼，算出最好要往東邊找房子。

我聽信建議找東邊的區域，找到內部裝潢非常時髦，很有品味的分讓出租高級公寓，於是決定住在這裡。

和惠比壽麝香葡萄的成員感情變好後，我們也會聊房子的話題，有相當多人住在高塔式住宅大樓的二十幾樓，客廳有六十平方公尺，房租三十幾萬日圓，「真不愧是 AV 女優啊」，我記得我事不關己似的非常佩服。

第三任男友

搬到五樓的房間後一陣子——二〇一〇年。

我交了成為 AV 女優後的第三任男友。

那時一如往常每月拍兩部片，中間穿插拍攝寫真照或演戲的工作。每個週末還有全國巡迴活動，當時《拜託了！麝香葡萄》也從《求求你!!麝香葡萄（おねだり!!マスカット）》的版本改為《喂！麝香葡萄（ちょいとマスカット！）》。

在目不暇接的忙碌工作中，或許我想要滋潤。

那個人大我兩歲，邂逅時他在當運動指導員。

那時我在找健身房，經朋友介紹「有一間不錯的健身房」，那正是他擔任指導員的健身房。

最初只認為他是個親切的訓練員，我向他學習許多，後來漸漸地覺得這個人很帥。之後再加上那位介紹健身房給我的朋友，我們三人開始會在外頭碰面。

雖然我沒說自己從事 AV 的工作，但他似乎知道。

然後自然地只有我們倆見面，並開始交往。

交往後過了一陣子，他住進我的房間。

我一說這件事，大家都會覺得他跑到我家住下來，不過並非如此，是因為我想和他在一起才叫他住進來。

之後，他辭去健身房的工作，在一般公司就職。

住在一起後才知道，他是控制慾很強的人。

平常他真的是充滿愛意地對待我，黏膩地疼愛我，不過要是不合己意，心情就會變差。

雖然一開始我很高興，不過基本上距離很近。

光是去一下超商也一定要牽手。

進餐廳吃飯被帶到四人座的餐桌時，一般是面對面坐下，可是他會坐在我身旁。無論到哪裡都想製造兩人的空間。

最初我會感到疑惑，但對他來說似乎是理所當然。他不在意別人的目光。因為我也沒有理由強烈拒絕，所以就變成那樣。

再加上，他做愛時非常仔細。

說他相當於男優或許有點奇怪，不過他宛如意識到觀眾般，會花非常久的時間充分愛撫。

不過，因為我相當忙碌，也不能太過以和他相處的時間為優先。不能見面的時間增加後，他心情就會變差。

一旦我晚回家，或是跑地方活動時比預定時間回來晚了，他就會追問理由。雖然他不會動手，可是會非常憤怒地嚴厲叱責我。

不過，事情過去後他會道歉，然後變得比之前更溫柔。到了隔天我因為工作出門時，他又會寄沒完沒了的超長郵件問我：「在妳的心中我有多重要？」

然後，如果我不回信，他就會追問：「為什麼妳不能立刻回信？」麻煩極了。

之後，他終於也開始干涉我的工作。

「妳打算做那種工作到什麼時候？」

「妳不覺得對不起我嗎？」

這已經完全是精神虐待（Moral harassment）了。

因此我在精神方面遭受相當大的傷害，對工作也開始產生影響。在拍攝寫真照時，因為那個時候已經開始採用數位相機了，所以能在現場就用電腦檢查剛拍下的照片，但是很多照片中的表情，就連我自己看了都覺得可怕。

我想要設法解決，所以也曾經和他徹夜長談。

「我喜歡我的工作，所以沒有辭職的打算，如果你不喜歡這樣的話，我們就分手。」

於是他哭得唏哩嘩啦，向我道歉。

結果，我沒辦法再強硬表態了，反而掛著黑眼圈繼續去工作，陷入了惡性循環。終於在某一天，社長也注意到了這種情況。

「妳最近是怎麼了？臉色很差喔，妳都沒睡覺嗎？」

我覺得自己已經到極限了，於是便請社長介入。之前我也曾找小 N 商量過，所以決定請她和 S 先生一起來我住的地方，向男友要宣告結束這一切。

那時他也流著淚向 S 先生道歉，不過最後還是離開了。

在那之後又過了一陣子。

記得是接到 V-cinema 的工作時。

低預算的 V-cinema 是藉由長時間拍攝來填補不足的部分。第一天的拍攝結束時是早上四點半左右，我先回家一趟，幾小時後又再踏入隔天的拍攝現場。

當小N來家裡接我的時候，我熟睡到起不來。

雖然平常不會使用，不過為了以防萬一，小N持有我房間的備用鑰匙。因為打電話、按門鈴，都沒有把我叫醒，於是小N便打開我家的門，然後就發現了男性的鞋子。

「明步，為什麼？」

「抱歉，因為……」

其實，我接了他打來的電話，正在談復合。

聽到他在電話裡拚命地訴說想要重新來過的聲音，雖然感情湧上心頭的成分當然確實存在，不過還有一個原因也是基於彼此的身體很契合。

明明是超級「渣男」卻無法和對方分手的女性，聽說有某種原因就是身體很合得來，如果不是那個人的話感覺就會變得很奇怪。我在這個人的身上似乎也稍微能體認到這一點。

尤其是我這種情況，當時在AV演出的性愛，因為意識到是要做給別人看的，所以會做得更激烈，所以和他做愛時，因為不用思考攝影機的角度，所以感覺非常放鬆，能埋首於快感中。

不是做給他人看的性愛，而是有感覺的性愛。

與男優做愛時，真的很像某種殘酷地使用肉體的運動。

思考著要如何呈現在畫面上，在纏綿時頭腦也在不停地運轉，有時候根本不覺得舒服，但這種感受即便些微也不能表現在神情上。

無論前戲，或是體位，因為過程都相當激昂，感覺就像是在做累人的訓練，從這方面來看，雖然也能獲得「哦，今天工作也表現得不錯」的成就感，可是內心還是會希望和可以真心敞開心扉的對象做愛，這樣的慾望也隨之高漲。

如果擁有這樣的男友，能夠滿足這樣的慾望，就會覺得面對下一次挑戰也能更加努力。

關於性愛，他簡直是這樣的存在，不過從個性面來看，果然該說他是雙重人格吧，明明平時安穩又溫柔，卻會突然變成具攻擊性的精神虐待男。

如果這段關係持續下去，精神方面又會被逼到絕境，這是顯而易見的事。

剛好在那個時候，惠比壽麝香葡萄的業務從二〇一一年開始轉變成全國規模的現場表演活動，我簡直忙得暈頭轉向。

於是我再次請他離開我的生活，也無視他的電話與郵件。

雖然就身體的契合度來說，有種依依不捨的心情，不過多虧忙碌的生活，總算讓我得以斬斷和他之間的關係。

作品

我身為AV女優，在出租版作品中被孕育成長，然後在販售版影片開花結果。我是這麼想的。接下來，我想從販售版影片中舉出自己印象深刻的作品，並且寫下從中回想起、與AV業界相關的種種事情。

《極限馬賽克　癡女醫師　吉澤明步的變態診所》（ギリモザ 痴女医 吉沢明歩の変態クリニック。一二〇〇九年發售）

大概是從這部作品開始，就覺得演出「癡女」很得心應手了。即使不用頭腦思考，感覺也會自然而然地浮現台詞。

「啊～嗯，變得這麼硬。咕嘟咕嘟地流出來了耶。你想要我幫你舔吧？好喔，我幫你舔。要很舒服地發出色色的聲音喔。」

我萌生了一個念頭，想要將至今體驗過的經驗與技巧全部活用在眼前的拍攝中。「這樣做看起來很色吧？」想要做到比被要求的還更多，這種貪婪的意識也變得強烈。

如果沒有拍AV，我就絕對不會知道自己的癖好，那就是我很喜歡「用腳打手槍」。曾經嘗試過的女性朋友會有多少人呢？

在這部作品中，用雙腳對小弟弟摩擦尻槍，然後玩弄，同時也用手觸碰自己的私處、自慰給人看，口中也一直連發淫語，成功地在畫面中藉由色情催生出宛如閉塞的狀態。

做出超越腳本內容的演出，真的很開心。

就像在折磨男性的五感、找不到片刻可稍微喘息的狀態，正是我能呈現的癡女的最高潮。而且是令人能對此感到滿意的最初作品。

往後的癡女作品，每次我都開心地投入其中。

《應召女郎明步！》（デリバリー Acky!—二〇一〇年發售）

這部作品的拍攝情況太惡劣了，所以令我難以忘懷。

這是我像應召女郎一樣拜訪報名參加的男性住處，然後回應對方的要求來做愛的幻想性作品。

因為對方實際上還是男優，所以可以放心，不過房間是真的跟普通男性租借住處使用，所以環境超級髒亂的。

雖然過去拍攝寫真照時所借用的女性房間很乾淨，不過獨居男性的房間，真的是令人無言以對。如果單純只是沒有落腳的地方還可以接受，不過地板黏黏的，也不知道上次擦地是什麼時候，而且上面還積滿了灰塵。

不僅很臭，而且到處都有奇怪的毛髮。我踮起腳尖走到房間內側的床鋪，心中想著「不管再怎麼樣，也不會在這種地方做愛吧？」真的就快哭出來了。

而且像這麼髒的地方竟然還去了三間。劇組也太會找了吧。

雖然各位有時會看到這種類型的作品，不過突然拜訪粉絲的家實際上是不可能的。

因為必須事先做過性病檢查和血液檢查。

不過，經過這些準備階段的評估，然後不是和男優，而是真的和粉絲做愛的企畫也是實際存在的。雖然我自己並沒有拍過這樣的作品就是了。

《魅惑的競技泳裝戀物癖》（魅惑の競泳水着フェチ。—二〇一一年發售）

這也是一部讓我得知自己意想不到的性癖的作品。

也許我很喜歡和肌膚緊貼的競技泳裝。

這部作品是女學生類型，除了會換上朝氣蓬勃的競技泳裝，還會穿襯衫搭配迷你裙的制服，是時隱時現展現泳裝、誘惑人心的作品。

繃緊但具有伸縮性的布料繫緊身體的狀態，以及競技泳裝那光滑的觸感，真的非常萌。或許我也有戀物癖呢。

仔細一想，我也很喜歡以前作品中那種隔著布料的親吻。

另外，大概是乳膠緊身衣了吧。我曾經在作品中穿過只露出頭部、非常緊繃的橡膠衣。那時也讓我的感覺無比興奮。

如果沒有拍 AV 的話，果然就不會發覺這樣的自己呢。

我也曾看過到整張臉都被完全遮住，宛如全身緊身衣的橡膠服裝。雖然我也想穿穿看，不過私生活的場合，我實在沒辦法！

《交換的體液，濃烈性愛　狂亂綻放溫泉篇》（交わる体液、濃密セックス乱れ咲き温泉編。二〇一一年發售）

這部完全就是「喜歡的玩法」，是我難以忘懷的作品。

我在這部作品呈現的性愛，不管是拍攝AV還是包含私生活在內，在我所有經歷過的性愛中，都可說是位居巔峰的地位。

作品本身沒有纏綿的流程，而我和男優非常想見到愛人、飢渴難耐的心情，或是湧現的性慾、男女複雜的感情、以及對對方的思念等等，都在纏綿時彼此爆發，正是本作的主題。

基本上，這樣的主題其實一直都在AV的根底流動。無論任何拍攝現場、男優是抱持何種感覺來面對，演出時都會思考自己要呈現到何種程度才好，希望以彼此的最高潮來向人們展現火熱的性愛，但現實中總是無法如此順利。

然而在這部作品中，兩個人的熱度奇蹟似地彼此碰撞，不僅如此，男優還要求了更高的水準，而我也完美地回應，最後我感動至極，結束之後哭得亂七八糟。

每次被要求要這麼做，就絕對做不到。運動選手展現驚奇的表現時，會用「進入境界」來表達，大概就是這種情況吧？演員也是在太過投入角色、忘卻自己是在演繹人物時，就會產生擁有奇特般魅力的演技。

就是如此突破式的性愛。

合作的男優是大島先生。

關於大島先生和我在本作的片場所共同創造的熱度，很可惜的，那在私生活的領域是無法超越的。

AV的性愛，果真是要以震懾觀眾的性愛熱度來纏綿，所以一旦進行順利時，就會演變成意想不到的水準。畢竟一般男女獨處做愛時，不需要在意別人的目光。一度體驗過突破式的性愛，就會覺得下次或許也有可能重現，但實際上難以辦到便是困難之處。我和大島先生後來也在許多作品中多次纏綿過，卻一次也未能做到超越當時的性愛。

會受到許多條件的影響，人類的性愛果然就是這樣的東西呢。

就這方面來說，性愛平均分數高的，絕對是田渕先生。

雖然已經超過五十歲，卻未顯老態。

為了以自己的職業AV男優在這個世界中求生存，他應該從年輕時就持續在努力。一問之下，才知道他平時只會攝取對身體好的食物。

此外，身為男人的鍛鍊也沒缺少。他會進行自行改編的深蹲勃起體操訓練。或許也因為如此，讓田渕先生的站姿顯得極美。他的舉止也沒有多餘的動作，令人神往。

在拍攝現場纏綿前，他還會用熱水淋浴提高體溫，據本人表示是為了讓勃起狀況更良好。所以田渕先生在拍片時，皮膚總是紅通通的。雖然看起來感覺溫度頗高，不過我也因此有點情緒高漲。

還有，要說他厲害的地方，當然還是纏綿本身了。簡直宛如性愛仙人一般。有不少男優會鑽研自己的呈現方式。像是在愛撫或插入後的活塞運動添加強弱感，或是用自己的腰部演出激烈的性愛，我覺得這樣的方法也很專業。

不過，田渕先生會採取靜止不動的方式。他具備掌控女優，能展現出女優色情的一面的技巧。

插入後即使不太活動，他似乎也能掌握讓女人產生感覺的重點，只要稍微頂一下、刺激重點，女優就會「啊～嗯」地發出嬌喘。

再加上平日的鍛鍊所賜，即使毫無動作，陰莖在陰道裡也不會萎縮，能維持硬邦邦的狀態。因為他能以最低限度的動作進攻重點，所以女優也沒有任何負擔。說起來，他就像是宛如黑子一樣隱藏在後，表演讓女優沉醉瘋狂的驚人絕技。

這樣的話，觀看作品的觀眾也能專心地欣賞女優，應該也會滿高興的吧？沒高潮過、煩惱無法高潮的女性，我覺得若是和田渕先生纏綿一次就能解決問題了。不過各位不成為 AV 女優的話，就沒辦法實現了。

執著於只想藉由激烈的活塞運動來讓女性高潮的男性，應該學習田渕先生這種令人茅塞頓開的神技。

再來，要說到波長很合的男優，那就是森林先生。

初次見面時，我就有種「這個人是變態」的強烈印象。之後因為偶然的機會，才聽說他很有才華，我還心想果然聰明的人大多是變態呢。

不過，那並非是不好的印象，我覺得就 AV 男優來說可算是優點，後來多次有緣在拍攝現場合作，我就深深地感受到森林先生的溫柔。

「拍攝現場有時候很冷呢。」他在聖誕節時送了拖鞋給我，在我的引退作也一起參與。森林先生還事先向和我感情不錯的女優打聽我喜歡的東西，替我準備了禮物。
在纏綿的場景中，他一定會在我耳邊低語：「我喜歡妳喔。」那聽起來感覺不是因為工作才說出口的場面話，而是宛如在對接下來要做愛的女性表達敬意的言詞，這一點也讓我很喜歡。
他對現場的所有人都很親切，不論是工作人員還是女優都很喜歡他，森林先生會這麼受到歡迎，我非常能夠理解箇中原因何在。
黑田先生也是我喜歡的男優。
肌肉隆隆的黑田先生，很會對我說出一些令人開心的話語。
「新年第一發的現場就是明步，今年將會是很不錯的一年呢～」
「因為今天是明步的場子，所以我是穿了新內褲來的喔。」
他的可愛令人會心一笑呢。
《被姦汙的新娘　悲劇的處女之路》（犯された花嫁 悲劇のヴァージンロード。二〇一一年發售）
這是我第一次、也是唯一被導演喊NG的作品。

雖然我不願回想起來，但還是記錄一下曾發生過這種討厭的事。

大概在拍攝的幾天前，我們就會針對作品和纏綿的內容會和導演進行磋商，所以基本上在拍攝現場不太會發生什麼問題。

不過，這一次對方想做出磋商時完全沒列入的行為，所以就連相當能容忍的我也感到很抗拒，只能徹底抗戰。

事情的開端，是合作的男優想要將電動按摩棒插進我的身體。

而且那支電動按摩棒的大按摩頭已經被仔細地加工過，變成可以插進來的形式。

我完全沒聽說這回事，而且就算處理過了，但要是被那種東西插進身體，不知會變得如何。也許會因此受重傷也說不定。

於是我請攝影機停止拍攝，到休息室和小 N 商量，把副導演這個疑似是改裝按摩棒的主使者找來質問。結果，他表示那全都是導演的指示。

「他也要求男優這麼做。」

我當場表示：「磋商時沒有這個動作。」後來導演也心不甘情不願地接受了，於是便按照磋商內容進行拍攝。事後，導演被叫來事務所說明原因。

結果，他竟然還用近乎嘻皮笑臉的態度說：「有什麼地方不妥嗎？」過了一陣子，社長也到現場列席，這時他才說：「真的感到萬分抱歉。」不過很顯然他完全沒有在反省。

我們打聽了一下，才知道原來那位導演是出了名的素行不良，所以我不想再見到他了。

我將那位導演列為拒絕往來戶之後，轉眼間似乎就在AV業界傳得人盡皆知。有導演讓那個溫和的吉澤明步生氣了。

雖然NG的導演只有那一位，不過直接和我進行纏綿的男優之中，也有好幾人NG。

那種情況下其實是生理面的理由比較大。有的人是單純身體合不來、有的人則是擅自做出與先前討論有所不同的動作。換言之，就是把自己的嗜好和性癖，不管哪種纏綿場面都一股腦兒地帶進來，對於這種人，真的只能表示沒有下一次了。

有位知名男優是個超級戀腋下癖，但我不喜歡這種互動，明明在磋商階段就已經囑咐過別做這種事，他卻誇張地一直舔，所以我就拒絕和這個人合作。

還有一些不到拒絕程度的男優。在所謂的「汁男」裡頭，有的人態度非常傲慢，這一點令我感到很驚訝。

在業界默認的規則中，通常汁男必須在現場一隅，彷彿被忘了存在似的、靜靜地待在那裡。有一次我化完妝，通過男優的休息室要前往拍攝的臥室時，有個從未見過、也沒聽說過的男性，用手肘撐起身子、隨意地側躺在地上向我搭話：

「哦，看來已經化完妝啦？」

我感覺很差地移動到臥室，沒想到下一個要拍攝的場景，就是要幫這個人口交到射精。而且他還有種特殊的體味，我覺得真是糟透了，但是在這種時刻，身為一個專業的 AV 女優，也只有忍耐才行。

《我的美麗阿姨》（麗しきボクの叔母サン。─二〇一二年發售）

我也年近三十，對於被稱為「熟女」感到非常抗拒，不知為何，就在我抱持著「我絕對不要變成熟女」這種奇怪的自尊心在過日子時，「阿姨」這個關鍵字出現了，因為片商無論如何也把它想加進標題名稱裡。

而且男優的台詞中也有一大堆「阿姨～」，我覺得「超討厭的」，和內容無關，這部作品讓我的情緒超級低落。

不過，從這個時期開始人妻角色漸漸增加，也是無法違抗的現實……

《驟雨～濕透的祕肉～》（とおり雨～しとどに濡れる秘肉～。一二〇一四年發售）

這次的拍攝是在三月，因為那時氣候還很寒冷，所以在雨中纏綿非常痛苦。而且，所謂的驟雨，其實是用水管來製造出傾盆大雨……如果雨量不夠大的話，攝影機似乎就拍不出效果。

作品中，因為碰上這種超大豪雨，讓我的衣服都濕透了。看到這一幕的男性因而被激起性慾，然後我被姦汙，就這樣進入交纏場景！

合作的男優貞松先生，是屬於在這種嚴酷的拍攝狀況下會被燃起慾火的類型，肉體上越難受，他就會越興奮。「好～我要幹死妳！」被他這般氣勢牽動的我也因此能支撐到最後，如果沒有他在的話……

宛如感受不到體溫，連嘴唇都發白了，感覺勉強維持的狀況下，貞松先生強大的精神力感覺很可靠。這次拍攝男優幫了我大忙。

《陰道，咕啵。》（おま●こ、くぱぁ。－二〇一四年發售）

標題有避諱字，而且我也在思考這個「咕啵」到底是什麼？製作人是這麼說的，因為色情同人誌裡出現的「咕啵」或「咕啾咕啾」，這些擬聲有種流行的感覺。

「啊？」我還是帶著疑惑，迎接了拍攝。

然後，拍攝時必須一直講「咕啵」、「咕啵」，次數多到令人厭煩，這樣就顯得很色嗎？我真的搞不太懂。

話雖如此，這個部分毫無窒礙地結束了，不過在包裝盒的封面卻發生了麻煩事。

不管內容有多麼色情，我只希望包裝盒的封面能拍得很美，可是這次的照片要露出陰毛這點卻很NG。但是我想請他們盡可能將這款完成的包裝盒封面修改到極限，所以姑且只讓他們在拍攝時連同陰毛一起拍進去。

「那我就信任你們。那邊絕對要剪掉喔。」我千叮嚀萬交代。

可是，完成的包裝盒上確實出現了陰毛。

我演出的《咕啵》第一作似乎很受歡迎，後來也發展成許多女優都會演出的系列。雖然覺得製作人在著眼點上果然很厲害，不過對我來說，卻是部事後感覺有點不愉快的作品。

《Fucking Machine SEX》（二〇一五年發售）

這也是通篇都很痛苦的作品。

現場出現了許多沒看過的成人玩具。大致上是將按摩棒改造，然後並非由男優來操作，而是藉由裝置來活動，類似發條運動的東西。

因為女體構造的關係，基本上我不太喜歡按摩棒。然而這就是一部會出現按摩棒的作品，因此也無可奈何。直截了當地說，從頭到尾都很痛。

但是，因為不能露出那種表情，而且如果不裝作有感覺，作品就無法成立。因為這部作品也變成了系列作，所以我十分同情後來演出的女優們，大家應該都覺得很痛苦吧？這也是AV特有的幻想性……對吧？

《單輪車女警。明步巡邏！出動！》（一輪車、婦警さん。パトロールアッキー！出動します！——二〇一六年發售）

會有這部作品，是因為和導演與企劃人員進行討論時，他們問我：「吉澤小姐，妳有什麼擅長的事情嗎？」因為我回答：「我會騎單輪車。」於是他們就說：「那就來拍騎單輪車的女警的角色扮演作品吧。」於是這部作品就這樣誕生了。

當然，讓觀眾打手槍的部分也確實地安排進去了，不過因為導演的玩心，我們還認真地拍了外景的部分。那是扮演女警的我騎著單輪車、邊追趕犯人邊大喊：「別跑～」然後逐漸遠去的場景。大概是太愚蠢了，銷量似乎一點也不好。

不過，或許還是有人很喜歡這種超現實的感覺吧！

搞笑藝人小林劍道先生在 Abema TV 版《毒舌糾察隊》（アメトーーク！）所舉辦的「AV 高峰會 2019」（AV サミット 2019）上，舉出這部作品作為「我流自選的最優秀作品獎」。

因為引起極大的迴響，我也覺得因此得救了呢。

《完全固定，動彈不得的吉澤明步　直到腰部震碎、即使高潮也不停止的無限活塞 SEX》（完全固定されて身動きが取れない吉沢明歩　腰がガクガク砕けるまでイッてもイッても止めない無限ピストン SEX。—二〇一六年發售）

從這個時期開始，標題名稱也越來越長，變得像是文章一樣了。

而且在我的履歷上，內容重口味的作品感覺也變多了。

這部作品是把我固定在鐵棒上，然後在完全無法動彈的狀態下進行性行為，拍下有點像是在強暴的凌辱畫面正是本次的主題。動彈不得就表示自己不必動作，原本我以為會稍微輕鬆一點，結果還是太小看這部作品了。

我不知道身體如果完全固定不動，就會讓血液凝結。

因為幾乎可說是江戶時代的拷問了，果然也讓我留下了痛苦的回憶。

《戴上世界第一～薄的保險套，央求生孩子的淫語　孕婦懇求不斷做愛的新婚遊戲》（世界一薄っす～いコンドームつけて子作りおねだり淫語 妊婦懇願ハメまくり新婚ごっこ。―二〇一六年發售）

雖然直至引退，我對「內射」這個做法並沒有解禁，不過在這部作品裡面，我第一次，應該也是唯一一次說出「射在裡面」這樣的台詞。

不過，實際上就和平時一樣，是讓男優戴著保險套外射。

我心裡覺得這樣好像背叛了觀眾，不過對我而言，也存在著不能退讓的地方。

然而，一旦說出這種台詞之後，我覺得有些年輕人會因此相信，所以身為一個性產業的相關人士，果然還是不應該這麼說的，這是一部令我反省的作品。

《至高的穿戴式假陽具　肛男犯》（至高のペニバン アナル男犯。─二〇一七年發售）

這也是不當 AV 女優，就絕對體驗不到的事。

而且是由我主導，和兩名男性 3P 的高難度表演。

一位是超級抖 M、喜歡被人從肛門進入的男人，不過因為我不習慣，所以用穿戴式假陽具折磨肛門時，感覺相當可怕。

不過拍攝時他興致勃勃，一邊開心地笑著、一邊啪啪地拍打屁股，不過我內心有點害怕。喊卡之後，因為他十分疲乏、一動也不動，於是我擔心地問他：「沒事吧？」結果他竟然回答：「因為太舒服，所以動不了。」

接下來，讓他射精之後，後面的流程是命令另一位男優讓我變舒服，要順暢地完成這樣的演出非常困難。

我覺得癡女果真是需要才能的。

《身為新進教師的我率領的夏日集訓，是知名性愛社團的輪姦集訓》（新米教師のわたしが引率した夏合宿は、有名ヤリサーの輪姦合宿でした。—二〇一七年發售）

這部作品曾令我不想再拍 AV 作品了。

作品的關鍵字是「性愛社團」、「輪姦」。

雖然 Super Free 事件已經過了很久了，但我仍然留下強烈的印象。而且就在作品拍攝的前一年，主辦「慶應小姐選美比賽」的社團也引發了問題。

任何人心裡都很清楚，這部作品是以搭上那類現實中的輪姦事件的形式製作而成的。而主演這部片的我，簡直就像是藉由這部作品問世，來對女性淪為被害者的社會問題予以肯定，我覺得相當難過。

還有我在進入拍攝現場後，就要將心境轉變成遭受殘酷對待的女性。這一點必須要在作品中表現出來。我被 AV 女優這個自己從事的職業所抱持的兩難苛責，在拍攝現場時也感受到內心被侵犯了一樣，比起肉體，我覺得這部作品在精神上有點無法負荷。

我並沒有真的在現場遭受到殘酷的對待，男優和工作人員們都很照顧我，雖然拍出來的感覺只是看起來被輪姦，不過我也因此意識到這類題材或許自己真的沒辦法承受。

話雖如此，因為是關照我十年以上的片商提出的工作邀約，所以我也不能挑三揀四，因此我覺得還是自己退讓會比較好。

於是，我的心也漸漸地朝向引退的方向而去。

《吉澤明步實際驗證，是否覺得大屌真的很舒服★》（吉沢明歩が実際にデカチンが本当に気持ちイイのか検証してみた★―二〇一七年發售）

這是模仿 YouTuber，由我實際體驗大屌的作品。

設定上，我會在實際的體驗過程中，以直播式的風格跟大家分享大屌到底有多舒服，然而卻輸給快感，只能在那邊「咿咿」地叫著。讓人有種「到底在幹麼！」的感覺。

像這類型的片，拍起來還滿開心的。

嗯，我覺得男優大致上都是大屌。不只視覺上的衝擊很重要，放入嘴巴時，有時還會出現「果然很厲害！」的讚嘆。

在我見識過的男優之中，擁有最碩大陰莖的，就是Wolf田中先生。從平時的狀態就像是泡了水一樣，脹得又長又鼓的。

不過，說到大屌是不是當男優的必要條件，那倒也未必。

在AV多樣化、細分化的現代日本，有時超小的小弟弟也會成為需求，而且無關尺寸，有時也會要求早洩。

比起一般的正常尺寸，有特色的話會在拍片時更容易被運用。

AV女優的情況或許也是如此吧。

第 5 章

想傳達的 SEX

AV的性愛

AV作品裡的性愛程度很高——

當然AV是有腳本的。

男優和我們女優不是出於戀愛感情，而是根據腳本來做愛。

當然在這世上，也有許多不是出於戀愛感情而做愛的男男女女。

不過在AV現場進行的性愛，並非是為了滿足彼此性慾而進行的發洩行為，而是製作讓觀眾們滿足的作品的「工作」。

認真地執行這份工作（性愛），將成為注入心血、追求愉悅頂點的行為，比起私生活中的做愛，通常能獲得更強烈的狂喜。

那和運動選手專注到極限時進入的「境界」或許很類似。應該也可以說是超越了自己在性方面的潛力。

就這方面來說，AV作品的性愛程度很高。

在已經引退的現今，我才能坦白地說出來。其實在拍攝現場完成「很棒的性愛」時，我會有點在意起共事的男優，有時會心裡會浮現「這個人做愛很厲害」、「和他交往不知會是如何？」之類的想法。

然而，實際上就算現實中真的交往了，但是要做到像現場一樣的那種「很棒的性愛」，可能性也是很低的。所以一想到這裡就打消了念頭。

拍攝現場的男優，並非是為了讓自己爽快才做愛。而是在工作時有所意識，針對如何讓我們女優呈現得更有魅力、更煽情的考量來工作的。

營造情慾的氛圍、難以置信的長時間愛撫、或者言語羞辱，運用一切的技巧，能激發合作女優「身為女人的潛在能力」的人，正是專業的男優。

所以，即使在攝影機沒有啟動的地方和我做愛，也絕對不會對我投以那樣的熱情吧。拍攝現場的性愛，應該是無法超越的。

而且，我自己也無法如此專注於性愛。

當然我的情況，是認為在私生活中並不需要那麼高程度的性愛。因為不必在他人面前展現，所以能夠放鬆才是最重要的事。私生活中的性愛，比起性行為，兩個人之間的關係還更重要。戀愛的感情是必須的要素。

比起舒服，只要心情愉快就行了。

我對交往的男友不會隱瞞 AV 的工作，不過在兩人做愛時，如果男友拿我的反應和作品中的性愛來比較，說出「妳更有感覺吧？」或「妳發出很大的聲音囉。」之類的話，我的興致就會一口氣降到冰點。

男友看我的作品是沒關係，可是「被比較」，實在太讓人傷心了。

這個人想做愛的對象，是 AV 女優吉澤明步吧？這真的很難受。

不過，從 AV 引退後的現在，這種心情也變得淡薄了。即使是私生活的性愛，或許也會像是在拍攝時那樣，興致勃勃地做愛也不一定。

可是，我是在二〇一九年的三月引退。最後的拍攝是在二〇一八年的年底。因為早在那之前，我已經很久沒有私生活的性伴侶了，所以那是我最後一次的性愛！

在那之後都沒有邂逅新對象。新的伴侶也沒有出現的跡象！

換句話說，我已經很久沒有性生活了！

……嗯，暫且不論我的單身生活，這世上存在著交往很久卻進入漫長倦怠期的情侶，以及陷入無性生活的夫妻等等，明明有可以做愛的對象，卻對沒有性生活而感到煩惱的女性，據說並不是少數呢。

假如妳想解決這種煩惱，不要覺得害羞，由女性主動不也是一個方法嗎？

並且，既然要做，那就積極地享受性愛，如何呢？

不過，這種時候最好不要去模仿「AV 的性愛」。

一般的電影或戲劇，為了讓觀眾感動，所以會加入一些演出。並且運用各種拍攝技巧。就連被稱為紀錄片的作品也是如此。

同樣的，藉由 AV 而變成影像的性愛，為了讓觀眾興奮起來，會讓真實的男女性行為變得更華麗、更激烈誇張。

如果直接模仿的話，那對女性的負擔實在太大了。

私生活的性愛所需要的，並不是讓觀眾興奮，而是要讓眼前的對象感到興奮。關於這個部分，「AV 的性愛」也有許多值得參考的要素。但並非激烈，而是屬於情慾的部分。

因此接下來，我將從自己在 AV 拍攝中所學到的性愛裡，介紹大家在性生活裡也能採用的技巧。

對我自己而言，也希望能夠實踐的那一天可以早日到來……

親吻

親吻對男女而言都是點燃慾火的開關。

因此我無法推薦太過拘謹的方式。

那，只能是黏膩至極的感受。

雙脣交疊，頭部左右擺動，在舌頭來來去去相互交纏之後，唾液從嘴角牽出絲來，就是如此的黏膩感。

所謂擅長接吻的人，並不是只要一直持續就好。他們連舌頭的交纏方式也會增添強弱。從激烈地交纏開始，再轉變為稍微讓對方喘息的步調。「等等，再多一點。」於是，被欲擒故縱的那一方便會自己主動索求更多的愛。

快感的緩急、慾望的焦躁、反覆進行親密黏膩的親吻，女性會害羞到讓下面濕成一片，男性則會從勃起的陰莖溢出尿道球腺液。

得要做到這種程度，才算是親吻。我覺得由女性來主導也行。

據說，過去在性風俗店工作的女性不會讓男客人親吻。

即使容許碰觸身體，但親吻只能留給喜歡的男性。這是女性對於所愛之人的節操。對女性而言，親吻這件事就是這麼能影響心情。

「欸……吻我。」

這時女性想表達的意思，沒有別的了——

手交

這是從 AV 業界衍生出來的用語。

也就是用手指愛撫陰莖。對任何人都會（能）做的事取個像樣的名字，也是 AV 這個圈子獨有的有趣之處。暫且不論這個，正因是任誰都會做的打手槍，其中也有會讓人忽視的部分。

藉由親密黏膩的親吻使性慾沸騰後，將彼此的手伸向對方胯下，接著開始進行洋溢色慾的愛撫，這是非常順暢的情慾發展。

一邊持續著唾液滿溢的親吻，維持站姿，把手探進彼此的內褲裡，男性運用與手交成對的「指交」，兩人互相愛撫性器。

女性一邊溫柔地套弄男性的陰莖，一邊在耳邊低語：「好厲害，變得這麼硬。」、「在抖動呢。」說出這些話語也很重要。

而男性也應該不服輸地回以色色的話：「光是親吻就變得這麼濕啊？」、「手指快溺死了。」

當興奮突破沸點，移動到沙發或床上後，再稍微運用技巧繼續撫弄陰莖。用手掌來回撫摸敏感的龜頭，或是用指尖摩擦冠狀溝的部分。

如果覺得被對方看見自己在做這種事的模樣會害羞，就兩個人一起躺臥，一邊接吻，或是舔乳頭，然後再同時愛撫陰莖，這樣害羞的感覺就會減輕大半。

此外，使用唾液輔助，能讓手交的快感提高好幾倍。

如果要做這件事的話，肯定也有很多女性會對自己的唾液滴到陰莖上的情景感到害臊，所以一開始可以用手遮住嘴巴累積唾液，然後塗抹到陰莖上，再繼續撫弄。

「那樣做很舒服，再多一點！」

因為男性會這樣要求，「既然你這麼說……」女性可以在這時就讓唾液大量流淌到陰莖，邊搓揉邊發出咕喳咕喳的下流聲音，然後忘我地幫男性手交，能夠讓雙方都感到愉悅。

如果想以更自然的形式「唾液手交」，並用和接下來敘述的口交並用，藉此愛撫男性，這種風格應該很不錯吧。

口交

這是由女性來對男性進行愛撫的高潮戲！

作為一個女人，與其技巧拙劣，當然還是技巧高明比較好。

我在成為 AV 女優之前，幾乎沒有口交的經驗。

拍 AV 之後，簡直是熟能生巧，雖然是一邊拍攝、一邊接受男優或導演的指導才學會的，但我覺得這是一個相當需要技巧的行為。

我認為自己在從事 AV 女優的工作之後，口交是學得最好的性技巧。所謂的口交其實就是那麼一回事，越做就會越進步。經驗是不會辜負你的。

反之，在V-cinema等演出中呈現的口交場景，因為並非是真的實際去做，因此反而很難上手。

我會在房間裡獨自練習，研究該怎樣做才會看起來更真實，以及能否發出聲音等等。

沒有機會像我這樣透過拍攝現場累積經驗的女性，如果想取悅心儀的男性，最好還是投入練習。練習是不會欺騙人的。

若是一個人待在房間裡就不會害羞了，雖然用手指也可以，不過使用茄子、小黃瓜、胡蘿蔔等蔬菜或香腸來練習，會更能呈現真實感。雖然有點好笑……

那麼，接下來就為大家列舉出練習的重點所在。

攏統地說是陰莖，不過最敏感的地方還是從冠狀溝往上的龜頭部分。

並非一口氣含住，而是在龜頭部分感覺膚質有點不同的地方，啾、啾地親吻，再用舌頭來回舔拭。男性能因此獲得視覺上的興奮感，因此要花點時間讓對方能夠欣賞，「快點含住！」這麼做，就能夠舔到對方心癢難耐。

這時的正統姿勢，是女性在站立的男性雙腿間呈現跪姿的形式，以及女性四肢著地，將頭埋入仰躺的男性胯下的形式。請設想這兩種情況來進行練習吧。後者的情況大多會由此姿勢轉移到 69 式。

充分舔拭過後，再把龜頭含在嘴裡。

接下來就正式進入口交的階段，請開始口脣愛撫。

首先，第一個重點在於嘴脣。將龜頭完全含入口中，嘴脣勾到冠狀溝旁的突出部分是基本方式。然後頭部進行前後、或是上下的活動，以有些噘緊的嘴脣和陰莖體摩擦，進行口交。

至於這時的舌頭，要像是從下方包覆龜頭那樣，配合撫弄陰莖的嘴脣動作，舔拭包皮繫帶。有時可以旋轉、舔龜頭的周圍。再繼續用舌尖戳刺激尿道口。留意這個動作，就是第二個重點。

摩擦陰莖體的嘴脣活塞動作，還有在口中愛撫龜頭的舌頭動作，可以如何增添變化呢？若是能以強弱、緩急，給予男性多方的快感，就能堪稱擅於口交，技術高超，因此希望大家能把這裡的舌頭動作練習到滿意為止。

第三個重點，在於嘴脣含住陰莖撫弄。最重要的，就是該如何不讓這個階段形成單調的節奏。有時以快速簡短的步調，只進攻冠狀溝旁的突出部分；或是以振幅大的撫弄，在陰莖根部到冠狀溝之間來來回回。

再來是吸吮，或是藉由轉動頭部，讓撫弄添加扭轉刺激也可以。

雖然口交的聲音也得看動作大小，不過發出聲音能更顯情色，我覺得這麼做很不錯。

那種令人聯想到又吸又舔的聲音，也會讓我感到興奮，這樣的女性應該也不少吧？還有，發出口交聲音的方法其實並不難。只要在口中累積唾液，一邊吸允陰莖，一邊出出入入，應該就會以不錯的感覺發出啾啵、啾啵的聲音。

直接撫弄男性到射精的「含到射」，也會讓他們相當愉悅，因此如果碰到生理期的時候，藉由幫他含來調劑性生活或許也是不錯的選擇。

這種情況下，可以一邊有節奏地進行口唇活塞愛撫，一邊握住陰莖根部加上打手槍的動作。如果你願意用嘴巴接住精液的話，也可以這麼做。嗯，若是能接受做到「吞精」這一步，男性朋友應該會更加感動。

那麼，接下來是高級技巧。

AV作品裡的口交場面，因為想讓觀眾以五感感受，所以會發出聲音、也會讓唾液就這樣流淌下來。而且一直滴著唾液，在畫面的呈現上看起來就會很情色，所以女優們會毫不在意地讓唾液流不停。因為這樣導演和男優都會很興奮。不增加手的動作，只有頭部擺動，讓陰莖在嘴裡出出入入的口交，不僅在視覺觀感上色慾破表，也能自然而然地讓唾液流出。

不過，如果在私生活中這樣做，很有可能會被當成那方面經驗豐富的女人，或是被人調教過的女人，因此也請務必注意。

若是任何招式都嘗試過的色情夫婦，不用我說，大概都會像這樣下流地進行口交吧，不過若是一般的戀人做到這樣，男友很可能會倒退三步？

更不用說，如果是才剛剛交往的情侶，嗯，碰上這種場面就得說：「不小心流口水了。」為了將來著想，還是像這樣稍微演一下吧。

舔拭陰囊

男性的蛋蛋，軟軟地下垂的模樣，非常可愛。

我會抱著這種想法，在拍攝時的口交過程中愛撫蛋蛋。先是普通地來回舔拭，然後又像是含在嘴裡微微拉扯。於是男優就會說：

「唔～出現了，明步的絕技。」

討厭，我又沒那個意思……雖然很害羞，不過男優會這麼說，可是出於讚美之意。

作為纏綿演出的一環，雖然拍攝時會出現「在這裡舔拭陰囊」的指示，不過我的舔陰囊的演出，似乎和其他的女優有點不一樣。如各位所知，通常男性的蛋蛋，也就是睪丸有左右兩顆。被皮囊所包覆著。

我會分別把其中一顆連同陰囊完全含在口中，相當用力地吸吮，並且讓它在舌頭上滾動跳躍。

「啊嗯，這樣的……啊嗯！」

有的男優會像女孩子一樣發出聲音，所以我會漸漸更賣力地吸吮。

我有試著在私生活的性愛時對男友這麼做。因為反應不太好，所以試了幾次就放棄了。但過了一陣子後，他突然嘟囔一句：

「最近，為什麼妳不做那個了？」

所謂的那個，就是舔拭陰囊。

嗯哼～原來他希望我這麼做啊。這也讓我有點高興。

舔拭陰囊可以安排在口交前後，或是途中，順暢且出其不意地加入。每次從脫衣服的步驟到愛撫的時間，甚至是體位的變換，在這些層面幾乎都是相同模式的情侶，或者是從多年前開始就變成每週一次，在週六夜晚重複著宛如例行公事般性生活的夫婦，請務必採用看看。

強制口交

普通的口交是女性主動用嘴進行的愛撫。舔拭、吸允、用嘴唇摩擦，或是在口中進進出出，是女性為男性做出的行為。

而強制口交，則是由男性這方來主導的口交。

站著的男性讓跪著或是呈現女孩坐姿的女性含住陰莖，將龜頭深深地插進去，好像就要頂到喉嚨一樣。扭動腰部，在女性的口中又進誘出。男性將手指探入女性的頭髮中，按壓對方的後頭部進行前後移動，這是常見的模式。

當然女性也可以是躺下的狀態，四肢著地也可以。

在AV作品的強制口交場景裡，把陰莖深深地塞入口中、龜頭就像是要伸到喉嚨那樣，在那邊維持幾秒、幾十秒，然後女性嘔吐出來，從口中咕嘟咕嘟地流出大量冒泡的唾液，就這樣任其流淌的場景經常會出現。

包含這點，我並不討厭強制口交。

大概因為對方是知道斟酌輕重的男優，所以在作品中被強制口交時，自己會感覺到越來越進入角色的恍惚狀態。

我有部名為《追擊深喉嚨FUCK 14連發》（追撃イラマチオFUCK 14連発─二〇一八年九月發售）的作品，印象中好像強制口交了一千次之多。

因為過了好久還是沒有結束的跡象，於是我腦海中一片空白。

在私生活的場合大概無法體驗如此強烈的強制口交，如果生理上可以接受就要頂到喉嚨的感覺，我覺得各位可以試試看。

有點M的快感。喉嚨快被堵住的那種痛苦感也很不錯。若是私生活的性愛，因為讓愛人的陰莖塞入口中深處而感受到痛苦的自己，或許能獲得愉悅感。

害羞到無法向另一半開口時，可以藉由 69 式互相用嘴為對方愛撫時，趁機悄悄地把龜頭塞入到接近喉嚨的位置，就能體驗這種感覺。

也許察覺到的男友會覺得：「自己塞到那麼裡面……我一直很想試試啊，深喉嚨！」兩人的距離或許會更加縮短喔。

四十八手

我在《AKIHO 48 四十八手完全再現》（二〇〇九年一月發售）這部作品中，挑戰了日本自古流傳的性愛體位「四十八手」。

當然，因為沒有嘗試過，所以工作人員還準備了附照片的解說手冊，於是我就邊看邊做，嗯，非常不得了。

為何必須以這種姿勢做愛呢？

其中有一半以上都讓人痛苦。光是維持那些姿勢就很費力氣。

有個體位「推車」是以伏地挺身兩臂伸直的姿勢，讓男優用雙手抱起我的兩腳插入，我甚至還被要求「就這樣走路」，整個動作只讓人覺得像是肌肉訓練。

我認為嘗試這些是有意義的，所以全部挑戰了，不過成就感呢……？

我覺得華麗的體位在AV作品的呈現中是必要的，不過私生活的性愛，只要有正常位、後背位、騎乘位就行了。我認為大部分的人應該都是這麼想的吧？

我一直到幾年前都還最喜歡後背位。

自己四肢著地，被男性抓住腰部附近抽插，激烈地承受衝刺，就是這種正統的後背位。

當然陰莖也會因此挺進深處，肉體獲得的快感也很大，而後背位在精神上也最令人興奮。很像動物、有種被人擺布的快感，或類似的感覺。

至於現在，我覺得騎乘位是最舒服的。理由完全在於肉體方面的性致。

我是在確實對自己於陰道內舒服的點開始產生自覺之後，才體認到這點。一個也許是G點，而深處還存在著一個點。

為了刺激這兩者，插入的深度，或碰到的角度，不是交給對方，而是能由自己來對準是最理想的了。

為此，女性必須主動地活動。

這樣一來，除了騎乘位之外果然就沒有別的選項了！

雖然可以用手指尋找 G 點，不過更裡面的點若不是陰莖就到不了。因此只能藉由做愛時的插入，用陰莖去探索它的存在。

這種時刻，騎乘位就是最適合的。

「我要在上面喔。」

男性完全仰躺的話會比較容易進行。

膝蓋不著地，以使用蹲式廁所時的方式來插入。

然後上下活動臀部，重複抽插。以像是用龜頭摩擦陰道內黏膜的感覺緩慢地活動。「啊，就是這裡」。應該會有一個類似這種感覺的點。

知道在哪裡之後，依插入的深度讓膝蓋跪地，接著是讓腰部前後活動。這樣一來，龜頭就能觸碰到快感點，重複進行摩擦，就會非常有感覺。

想要達成「騎乘位扭腰重點刺激」，需要一定程度的經驗，有性伴侶的人不妨試著跟對方提出「讓我練習」的需求，也是不錯的方法。

出人意料地，女性對於與自己的性愛展現的積極態度，能使男人感到高興。

拍攝AV時，臀部朝向男性插入的背面騎乘位也經常使用。

這種方式能夠完全展現結合部，而且抽插時，女性臀部的肉會在結合部上面下流地彈跳，最大的效用正是喚起男性視覺上的興奮。

我也曾在面對面騎乘位時經歷過好幾次高潮。

男人的視角

轉籍到販售版影片後，男性視角的作品也增加了。

也就是說，攝影機的位置會跟在男優的頭旁邊，能讓觀眾享受做愛時男性所看見的視野。

例如，以後背位做愛時，如果思考實際上的情況，男性幾乎看不到女性的臉。大多只能看見後頭部。

然而，看著螢幕的觀眾，特別是我的粉絲中也有很多人會挑選這種作品，因此我思考著，無論以任何體位做愛，如果能讓觀眾能看見我的臉，或許他們會比較興奮。

而且，我會盡量把目光轉向鏡頭。換句話說，我覺得隔著螢幕看著觀眾的眼睛會比較好。

雖然在後背位的時候轉頭看向攝影機會相當難受，不過我還是盡可能這麼做。這是刺激男性伴侶的技巧，私生活的性愛過程應該也能應用吧。如果是正常位或騎乘位，在姿勢上不會難受，而且有意識地這麼做也不會有什麼損失。

而且這是只要女性有心，馬上就做得到的事。

只要一邊做愛、一邊凝視著男性的眼睛就行了。

說出色色的話，或是進行情色的愛撫或許會感到害羞，不過項是要傳達快感一般，朝男性投以情意綿綿的視線並不困難。

明明非常有感覺地變成嬌喘連連的神情，眼睛卻還看著自己。充滿情慾的目光在纏綿時像是在訴說些什麼。我覺得男性會因此非常興奮。

不過我在 AV 演出中以背面騎乘位插入時，如果上下移動臀部的同時，我的臉也能連同結合部一起入鏡，我覺得這樣的畫面呈現會很情色，所以會用宛如窺視胯下的角度，以眼角餘光瞄向鏡頭，不過在私生活的性愛，我認為就不必做到這種程度。

穴內高潮

我在拍攝時被跳蛋責弄的話，就會在滿早的階段就達到陰蒂高潮，不過插入時的「穴內高潮」卻很難辦到。

終於能夠高潮，是在我年近三十的時候。雖然記得是在拍攝AV作品時，不過並不能精確地說就是在某部作品中發生的，而是慢慢地體會到那樣的感覺，等到我察覺到時，已經感覺穴內也能達到高潮了。

沒有體驗過穴內高潮的女性，聽說相當多。

能夠達成穴內高潮之後，女人的愉悅感在品質上會有所提升。

陰蒂高潮當然很舒服，不過快感的曲線坡度很大。說得誇張一點，感覺是大幅提升後又一口氣滑落。

就這點而言，穴內高潮是緩慢地一口氣提升，與其說是停在頂點，更像身心都彷彿升天的感覺，然後快感再以平緩的曲線下降。

因為能充分體驗餘韻和滿足度，希望各位女性務必學會。

穴內高潮是女人的幸福。

試著回想一下我的情況，一邊插入一邊被跳蛋責弄，我覺得是個契機。而且感覺還加入了調教要素。

醫院類型的作品令我印象深刻。被灌下催情的春藥，或是被施打全身敏感度變佳的點滴等，這種設定就遇過了好幾次。

我有時扮演護理師，有時則是女性患者。然後躺在手術用的床上，被院長或醫生玩弄的套路。

這時會稍微將手腳綑綁，或是被綑縛在床上，也就是自己無法逃走的狀態，感覺比較好。

然後就是進行一邊被插入、一邊用跳蛋責弄的兩點進攻。

即使已經被跳蛋弄到高潮好幾次了，也逃不了，依然持續地被責弄。即使腦袋已經搞不清楚現在的狀況了，還是被激烈地責弄著，陰蒂一直持續高潮，之後我還記得自己被心中限制器解除的感覺所侵襲。

高潮時陰道內會收縮。這時，也許以一定的壓力刺激陰道內的相同部分，就會感覺到穴內高潮。

這個陰道內的相同部分，就是先前談到體位時也有舉出的G點，以及更裡面的點。換句話說，用跳蛋責弄陰蒂，促使持續高潮，在陰道也跟著收縮時讓陰莖抽插，我覺得裡面也能因此達到高潮。

這種情形重複幾次後，就感覺只靠裡面的刺激也能夠獲得高潮了。

沒有經歷過穴內高潮的女性，請務必試試這個方法。

綑縛狀態下的陰蒂責弄加插入活塞運動！

如果沒有可以拜託他幫忙這種事的男性，就只能自己來了。最近的插入型按摩棒，和過去那種粗獷造型的款式有所不同，是以女性需求為出發點的矽膠製產品，外觀和使用起來的感覺都很柔和，因此不妨從網路上入手一個。

如果學會穴內高潮，與性伴侶的性愛當然也會更加開心。

緊縛

我很欣賞緊縛師（Rope Artist）Hajime Kinoko（一鬼のこ）先生，也曾去看過他的寫真展，真的是相當精彩的藝術。

被綑綁的女性也陶醉其中，就連身為女性的我看了也深受感動。

雖然對那個世界也有興趣，但我還沒有勇氣踏進去。

被綑縛過後，感覺就會忘不了那種感覺吧……

大致上來說，即使我們這種外行人想要模仿，那也不是模仿得來的技術，因此雖然用這個來舉例也很不知深淺，不過若是把緊縛這種「非日常」這種風格加入自己的性愛中，應該也不會遭受報應吧。

至於大前提，雖說是模仿，不過會覺得可以被人綑綁、剝奪自由，正可說是因為信任對方才產生的表現吧。

嗯，如果彼此間沒有這樣的關係，最好不要因為想玩玩而嘗試綑綁。

就非常日這個意涵來說，在旅行目的地進行是最適合的了。例如兩個人一起去溫泉旅行，然後用旅館的浴衣帶子稍微綑綁看看，感覺只有相愛的情侶才辦得到。

雖然我也喜歡被綑縛的感覺，不過也喜歡綑綁男性來折磨對方。

被綑綁時只能委身於對方，因此說起來什麼都不能做。只能沉溺於羞恥心和反常感之中，盡情享受快感。

然而，如果是由自己綑縛對方，想讓他因為快感而扭動身軀，就必須發揮巧思、想想該怎麼玩弄人，這個過程充滿樂趣，我也很喜歡。

我覺得真要綑縛，還是選用手邊隨處可得的道具會比較好。可以用領帶、絲襪、毛巾等，有許多便於使用的物品。另外像是在上衣或襯衫脫到一半時就打住，光是這種要脫不脫的場合，也能形成輕度綑縛的情況，從這種程度開始嘗試也是個方法。

還有，蒙上眼睛的話，就能讓對方的感覺更敏銳，因此非常推薦。

自己也因此會變得更為大膽。

再來，只要隨心所欲地玩弄他就行了。

淫語

對方是蒙眼的狀態。而且還被綁起來了，簡直是羞恥至極的處境。

這時要使用言語繼續刺激。也就是所謂的言語羞辱。

淫語這個詞彙也是從AV衍生的詞語。如同字面上的意思，就是淫亂的話語。

話雖如此，那些像是官能小說的比喻，或是性器的俗稱之類的最好都不要使用。把平常使用的詞語和行為相互搭配，更能提高興奮度。

一邊舔耳朵、一邊低語：「你的表情好色喔。」

一邊用手指轉乳頭、一邊呢喃：「為什麼變得這麼硬啊？」

一邊套弄勃起的陰莖、一邊逗弄：「真下流。你沒有羞恥心嗎？」

做到這個地步就已經夠讓人興奮了。再來詢問：

「欸，你希望我怎麼做？」藉此引導對方說出害羞的願望也不錯。

這時若是性愛偏差值高的男性，應該也會用淫語回敬：

「肉棒已經快要爆裂了。至少讓我聞聞你小穴的味道吧。」

到這個階段，就可以邊說：「真是任性。」然後跨到他的臉上，進行顏面騎乘摩擦即可。

調戲，直到讓對方焦急到陰莖宛如真的就要爆裂，然後解開綑縛和蒙眼。

最後男性應該會和平時判若兩人地獲得高潮。

好色的女人

和我一起從事AV工作的導演與工作人員，不只是為我們這種單體女優製作作品，像是「素人類型」這種採用企劃女性來拍攝的AV作品，參與其中的人也非常多。

在那些像是打工的企劃女性之中，很多人都擁有其他頭銜。像是OL或大學生之類的，還有護理師或人妻等。嗯，那樣的話，在AV業界真的是「素人」。

工作人員異口同聲地表示：「素人比較好色喔。」

「明明完全看不出來是那種感覺的女性，一旦正式開拍時就會變得超色的～我有看過職員證，所以準沒錯，她真的在一流企業工作呢。」

我經常聽到這種事。

就某方面來說，我覺得他們是在暢談男性眼中理想的好色女性。

大致上正確地說，女人全都很好色。

可是，所謂的男性理想，是看似非常清純、對性愛興致缺缺的女性，就只有在自己面前的時候，會搖身一變化身為充滿慾望的女人。判若兩人地，變成一個好色的女人。

女性在和自己做愛時顯露出淫亂的本性，沒有哪個男人會不開心的。

即使在內心深處想著連AV情節也為之遜色的淫亂事情，卻以彷彿連「性愛」這兩個字也不懂的表情過著日常生活，但一旦滾床就能產生反差。就另一個角度來說，她們真正演出的，應該說是平常的自己。

雖然沒必要做出AV作品裡那種給人欣賞的誇張性愛，不過女性做愛時可以

女性團體

內心混雜著期待與不安。

《拜託了！麝香葡萄》的播出，是從二〇〇八年四月開始。

這是由小木矢作擔任節目主持人、綠洲二人組的大久保佳代子小姐擔任助理主持人的深夜綜藝節目。固定班底是由AV女優加上寫真模特兒共二十八人（第一期生）所組成的「惠比壽麝香葡萄」。我也是其中一員。

雖然能在地上波的正規節目登台令人開心，不過「會變得如何呢？」其他人應該也有這種想法吧？

所謂的單體AV女優，包含我在內，基本上自己是以主角的立場在工作的。尤其聚集在這個節目的女孩子都是當紅的人，因此在拍攝現場時都很習慣接受周遭人們的關照。但是像這樣被丟到一堆人裡頭排排坐時，該說是疑神疑鬼嗎？應該是不知該如何是好吧。

節目是每週播出一次，錄影則是每個月兩次（一次拍兩集）。

一開始休息室是大家共用，很像是女高中生群聚的氣氛，總之我先和在寫真照或活動等工作場合上認識的女孩聊天，並且觀察大家的情況。老實說，我也認為自己不擅於應付這種場面。

所以，最初我覺得關係有點不圓滑。其他的女孩也是如此，因為大家都隸屬於不同的事務所，有些事務所會設下規定，要旗下的女孩不能和不同事務所的人走得太近、不能交換聯絡方式。所以並不是能開放相處的氣氛。

在這當中最為努力的，就是蒼井空小姐。

小空在我們一群人裡頭是業界資歷最久的，也已經有上綜藝節目的經驗，因此被任命為第一代團長。因此，小空本身也認為自己應該要負責整合大家，這股意識非常地強烈。她不只完成團長的工作，還會做出率先耍寶，受到小木矢作吐槽之類的行為。

自己先站到前頭，為大家示範應該要做些什麼。

雖然成員之間也存在著競爭心，但現在並不是要表現自己，而是被要求呈現「團體技藝」。搞笑有節奏、有流程，有人裝傻就要好好地吐槽。

就這方面來說，AV 女優和寫真模特兒之間果然存在著一段距離，就在某些地方不知道該如何相處時，小空這時也扮演聯繫的橋梁。她和以寫真模特兒為主業的女孩們也能順暢溝通，錄影結束後大家也會一起去吃飯。

這種場合，老實說拍AV的女孩會比較有錢，所以結帳時會多付一點，我們就以這種形式、氣氛熱鬧地聚餐，感覺女孩們的心漸漸地團結起來。

延續《拜託了！麝香葡萄》，二〇〇九年的四月《求求你!!麝香葡萄》開播。之後，然後從二〇一〇年四月開始改版為《喂！麝香葡萄》、同年十月再改版成《求求你麝香葡萄DX！》（おねだりマスカットDX！），接著二〇一一年十月推出《求求你麝香葡萄SP！》（おねだりマスカットSP！），一直播放到二〇一三年三月。

「惠比壽麝香葡萄」的成員重複著畢業與新加入的傳承，而我在五年內的每一集節目中都有幸能登場。

在現役生活的十六年之中登台五年，對我來說，這真的是個大型節目。

因為是凌晨2點的超深夜節目，所以在等待播出的時候也經常在途中睡著，但是節目能夠持續這麼久，收視率應該也不錯吧？

說是想讓AV女優得以獲得社會大眾認同，或許有些過頭了，不過包含之後的現場表演等活動在內，或許有助於多少消除世人的偏見吧。

我也曾聽說，收看節目的女性觀眾也相當多，而且一開始不知道我們是AV女優，得知後因此大為吃驚的人似乎也不在少數。女性的認知度能夠提高，對我來說是真的是一件最棒的事。

開場舞

相反地，也有一件讓我很排斥的事。

那就是節目的開場。當初的呈現，是播放懷舊歌曲般的音樂，然後所有的成員都要展現獨創舞步的風格。而且這每次都不一樣。

歌曲和編舞會在一週前公布，雖然也會安排幾天讓老師指導，但若是因為其他工作而無法參加排練時，就得照著DVD邊看邊學。我打從第一次開始就只能靠著自己練習，然後上陣錄影。

進入攝影棚之後，大家也站上了自己所屬的位置。「我不擅長跳舞，不喜歡顯眼的位置。」各種情感充斥於心，但也只能硬著頭皮上了。

哎，我自己也稍微想了一下。為什麼大家都那麼會跳舞呢？

我總覺得比大家還慢了一拍。

然後在錄影結束後，製作人對我說：

「吉澤小姐，這不是任何人想來就能登台的節目喔。有很多女孩子就算想出場也沒辦法。請不要認為上場是件理所當然的事喔。」

我就在所有成員的面前被公開說教了。

製作人認為我完全沒有練習舞步。

舞蹈什麼的，我也只有跳過國中或高中的創作舞。明明自認為都背起來了……我懊悔地想哭，但也浮現了好勝的情緒，一邊想著「可惡～」一邊拚命練習。

至少要練到能跟上大家的腳步。

因為每個週末都有地方活動，所以我還買了攜帶型DVD播放器，就連移動的時間，我也一直重複播放示範舞步，讓腦袋能牢牢地記住。

雖然移動時間也是重要的休息時間，不過這種情況下已經泡湯了，實在是讓人痛苦不堪，而且每週都會變換舞步，感覺根本看不到終點。痛苦不會結束。經歷過幾次現場表演排練，在過程中，我真的比別人加倍努力，總算慢慢地跟得上了（或許是吧）。

但最開心的，就是會為我們製作個人的單元。

雖然有各種知名單元，也有很多以團體進行的小短劇類型，不過在企劃會議上，工作人員認為如果讓吉澤明步個人來做點什麼，或許會很有趣。因此我有了「吉澤明步的奇想朗讀」（吉沢明歩のファンシー朗読）這個單元，這是由我朗讀自己可能不會看的書，像是名人自傳或職業摔角主題的作品，然後發表感想。

另外在節目尾聲拉開拉門，向觀眾說句話道聲晚安。或是從驚嚇箱裡面跳出來，然後說些蠢話。也曾做過這些事呢。

再來，在錄影的事前問卷調查中，好幾次都出現「請說出讓男性酥麻的告白話語」之類的項目，我填寫了這樣的答案：

「把我裝飾在窗邊吧，會開出美麗的花朵唷。」

「都不理我的話……我就要回月亮去囉。」

結果因此讓小木矢作讚不絕口，我非常開心。

還想要再努力精進一點的，是雛壇的自由對話。我不太會推測走向，所以沒辦法說出什麼漂亮話。即使想到了，也很難好好地表達。

表達差強人意的時候，我會抱著沮喪的心情回家。

雖然對今天的對話有自信，可是會被用在節目中嗎？該不會被剪掉吧？有時也會出現這種宛如藝人般的心境。

Maccoi 齊藤先生

節目的綜合總監是 Maccoi 齋藤先生。

他是電視導播、製作人。同時也是製作事務所的社長。

聽說他想製作像「東京情色派」（ギルガメッシュないと）或是成人版「晚霞貓咪」（タやけニャンニャン）之類的節目。我想他算是成功了。

在節目現場，Maccoi 齋藤先生好比是老師，而我們就像是女高中生。

節目進行到後半也有很多現場表演音樂會，而在排練時——

正逢休息時間，大家仍在四處聊天時，Maccoi 齋藤先生走進來了。Maccoi 齋藤先生先生會進來，就是要告訴大家工作相關的事，但大家卻佯裝不知、繼續聊個不停。

「來～大家過來集合。」

然後他就開始說教了。並不是針對節目怎樣怎樣、現場表演如何如何之類的事，而是告訴我們身為一個社會人士應該有什麼樣的言行舉止。感覺真的很像學生正在被老師訓斥。

我曾看過 Maccoi 齋藤先生在雜誌專訪中談到惠比壽麝香葡萄的報導。他是用棒球隊的打擊順序來比喻我們的。

他說 Rio 就是第四棒，這個我記得很清楚。

小空好像是第一棒打者，是可能會先取得分數的選手。印象中，我好像是第三棒還是第五棒的樣子，不過我記不太清楚了。

他是一邊想著這些事一邊製作節目的啊，真有意思。

平時都是在棚內錄製節目，不過有一次，我們在山梨的富士急高原樂園過夜，拍攝外景。聽說因為我們平常都很努力，所以這是獎勵式的外景拍攝，不過過夜的地方算是鬼屋嗎？是一個宛如醫院廢墟的地方。

我們先在像是醫院候診室的地方集合，才得知「要在這裡過夜」。因為完全沒聽說這件事，所以女孩們立刻吵吵嚷嚷。而且也沒準備便當，連茶和水都沒有，也沒說清楚廁所在哪裡。感覺大家已經陷入恐慌之中了，不過這一切其實一直都被監控錄影。

成員被分成四個班，每班各有一位班長，我也是其中一位。四位班長事前被Maccoi齋藤先生叫去了解狀況。

說是瞭解，但是他對我們給出指示，等到大家開始焦躁不安時，就故意引起爭執。也許他在期待我們會扭打成一團，不過事情並沒有發展成那樣。不過像這種捉弄人的表現，我就覺得有點過分了。

如今回想往事，也是個記憶非常深刻的事件。

之後，在《帥呆了！》（めちゃ×2イケてるッ！）這個節目，在AKB以外的偶像團體都於此集合的運動會中，進行挑戰各種比賽的企劃時，惠比壽麝香葡

萄是最團結的隊伍。大家都萬眾齊心地一起努力。

那種感受真的超讓人開心的。

第四任男友

由於惠比壽麝香葡萄的活動展開，我也變得更忙了，於是帶著依依不捨的心情和第三任男友分手。但之後在超忙碌的時候，我曾和一個人交往。因為惠比壽麝香葡萄的關係讓工作變得更繁重，所以我們沒辦法經常見面，當然也沒有住在一起。

雖是趁著繁忙空檔稍微見面式的交往，不過也多虧他的關係，我才能忘掉前男友，我也因而有了能回歸私底下自己的時間，就這方面來說，他確實是非常重要的存在。

不過，該說是相當嗜酒嗎?他是被酒吞沒的人。所以，他經常出現強烈的情緒起伏，變得很粗暴。
喝了酒之後，他真的會進入飄飄欲仙、記憶恍惚的狀態。
關於這點，他自己本身也很在意，就在感覺要引發什麼問題時，他開口說：「不管是什麼酒，只喝三杯的話我就絕對不會醉，所以我從今天開始，每天就只喝三杯。」
嗯，雖然不表示「我要禁酒」的這部分實在是很糟糕，但即便如此，大約有三天的時間吧，他真的就忍著只喝三杯。
可是第四天，他就跑出去喝了。然後，那天我工作結束，就接到了他的聯絡。「我正在和前輩喝酒，妳來露個臉吧。」到了現場一看，他不知道已經灌下多少杯了，但肯定不會是僅僅三杯的狀態。
接著，我帶他回我的房間，他又像前男友的那種精神虐待一樣，開始非難我的AV工作。
雖然我沒有受到家暴，不過他喝酒時的粗暴和沒喝醉時的溫柔，實在落差太大了。聽說情感起伏太激烈的話，就會導致家暴。
再這樣下去我的精神狀態會很危險，於是我便找事務所商量。結果，因為給

S 先生和小 N 添了麻煩，所以並不是多好的回憶。

雖然並非要歸咎於他，不過和我交往後，男人都會想要區別「AV 女優・吉澤明步」和本名的我。

最了解你不屬於吉澤明步那部分的人，就是我。

他會表示自己愛的並不是吉澤明步，而是愛著本名的我。

可是，真要我說的話，不管哪一邊都是我自己。所以，如果不能同時接受兩者，我認為就無法長久交往下去了，而且想法會變得很偏頗。

並且，一旦聊到「要繼續拍 AV 到什麼時候？」這個話題，對方就會擅自斷定：「結婚後就不拍了吧。」這也令我覺得有點鬱悶。

當然，交往時我非常喜歡他，也想要和他結婚，但他卻不能真實地接受我。

當我自問，如果和這個人結婚，今後「該怎麼過生活」時，對於這個現實問題也無法想像。

比起這種看不見未來的狀態，我想嘗試各種工作、遇見各式各樣的人，讓世界變得開闊、讓視野更加拓展，這才是真實的。

雖然為一個人盡心盡力或許也是幸福，不過思考著該如何拓展自身視野、該如何讓大家認識我，這樣的生活會更加充實。

AV也是、寫真集也是、CD也是，這些全都是開心的工作，也很有價值。特別是惠比壽麝香葡萄的活動很特別，透過現場表演或演唱會和粉絲一起營造熱烈氣氛的快感，我親身體會到這是任何事物都不能取代的。

長大成人的我，沒有比工作更重要的東西。

現場表演

二〇一一年三月十一日。

東日本大地震那一天，我人正在AV的拍攝現場。

那是一間位於東京練馬的住家型攝影工作室。而且地震搖晃的瞬間，攝影機還在拍攝。

我記得那是含到射橋段的途中。因為搖晃的方式非比尋常，我立刻鑽到桌子底下，卻聽到有人說：「不行！趕快穿上衣服到外面去！」

我慌忙地穿上衣服，跑到外面之後，水就從陽台栽種的花草以驚人的氣勢嘩啦地潑濺出來。隔壁公寓的人喊著：「水滿溢出來了。」於是工作人員前去確認，原來是工作室屋頂的水塔破裂了。

因為手機打不通，沒辦法聯絡任何人，雖然透過 1seg 看到海嘯的影像，不過實在不覺得是現實的情景。

預定在三月十九日於澀谷公會堂舉辦的「惠比壽麝香葡萄 3rd Concert」（恵比寿マスカッツ 3rd コンサート），當然也宣告中止了。

之前的現場表演和演唱會都只在東京舉辦。

但因為震災的關係，我們展開了全國性的現場表演。

也許我們也有可以做的事。

沒錯，在全國舉行現場表演，展開募捐活動吧——就這麼決定了。

於是全國巡演「對了！去各個地方吧」（そうだ！いろんなトコ行こう）就此展開了。

第一回，從二〇一一年五月二十一日到六月五日的期間，巡迴了東京、大阪、兵庫、愛知、靜岡。

第二回，從二〇一一年九月四日到十月二十三日，這段期間去了埼玉、札幌、長野、高崎、鹿兒島、熊本、福岡、橫濱、京都、滋賀。

然後是第三回，從二〇一二年五月十二日到六月十七日的期間，巡迴了新潟、熊谷、宇都宮、仙台、名古屋、金澤、岡山、高松、大阪、東京。

我很高興能為災區略盡棉薄之力。

此外，在二〇一一年以後，我們也在許多地方舉行現場表演或演唱會。考量到排練和移動等問題，其實比起節目錄影更費時間與精力。

我連練習節目開場的簡短舞步都很辛苦，唱歌就更加不擅長了，可以的話，這是我不想嘗試的表演類型。

就我個人來說，日後我也沒有成為偶像藝人的打算，這麼拚命地參與現場表演和演唱會又能如何呢？惠比壽麝香葡萄又會走向何方？時間來到二〇一二年，我感到了些微的不安。

這時，Maccoi 齋藤先生與成員進行個人面談，各人煩惱的事、思考的事、或是不安等等，任何事都能和他商量。

因此我坦率地說出，因為不清楚惠比壽麝香葡萄的方向而感到不安。

於是Maccoi齋藤先生便告訴我：

「妳都搭上這艘船了，不用下船也沒關係啊。因為大家也都在這艘船上，至於船會開往何處，吉澤小姐也一起看看吧。」

我心想原來如此。

的確，基本上都作為單體女優獨自登場的我，在這種時候，可以嘗試得和大家一起才能夠做得到的事，我強烈地感受到這點。

所以，不用焦急吧？好好看清楚惠比壽麝香葡萄這艘船會在哪裡靠岸也不錯。我萌生了這個想法，於是便看著Maccoi齋藤先生的眼睛說：

「我知道了。」

在那之後，我不再感到煩惱了，和大家朝著同一個方向持續努力。

距離團體解散已經五年了，現在回顧當時，我可以發自內心地告訴大家，能夠參加惠比壽麝香葡萄真的是太好了。

被Maccoi齋藤先生罵得那麼慘，可是必須加油再加油、堅持、努力。和大家一起到地方上展開氣氛喧囂的表演。和所有的粉絲產生一體感。

感覺就像是在風華正茂時閃閃發光。
有時，我會想要再回到那個時候。

中心

惠比壽麝香葡萄發表了九張單曲。
其中也有以我擔任中心的曲子。
那就是二〇一二年十月發表的第八張單曲「逆行♡偶像」（逆走♡アイドル）。是二〇一三年三月發售的最後單曲、也是解散歌曲的「ABAYO」的前一首曲子。
雖然大家會覺得：「為何會挑選不擅長唱歌的我？」不過這其實是工作人員送給我的禮物。在現場表演的慶功宴上單獨發言時，我提到小時候曾在將來的夢想寫下「想成為偶像」，這件事被工作人員記住了。
和惠比壽麝香葡萄的各位一起進行現場演出，讓我越來越樂在其中，作為團體的一員，一起唱歌跳舞的活動也令我變得很開心。

可是，因為我比其他人更不擅長唱歌，即使看了新曲的歌詞分配，也常常心想：「啊，這次也沒什麼唱歌的部分。」

如果能夠唱到主要部分就好了，但是我不會唱歌，對於來現場看我表演的粉絲實在感到很抱歉。為什麼只有我不會唱歌呢？但是就結論來說，因為唱得很爛，所以我也不敢說自己想唱歌。我一直陷入兩難的情緒困境。

因為正是在這種時候發表消息，所以讓我相當驚訝。

當時有個在體育館舉行的運動會活動，結束後我待在休息室裡放鬆休息。

「吉澤小姐，方便來一下嗎？」

工作人員來叫我，我被帶到會議準備室。

一打開門，包含 Maccoi 齋藤先生在內的主要工作人員都在裡面。

「咦……？有什麼事？」

而且一旁的攝影機正在拍攝。

「請坐吧。」

我滿是困惑地在鐵椅上坐下，Maccoi 齋藤先生說：

「下一首新曲，我正在考慮以吉澤小姐為中心來演出喔。」

我還以為是整人的橋段，因為攝影機正在拍。不，會有攝影機是為了在節目上播放，所以在拍我的紀錄片段。

主題是「從以前就不擅長唱歌，雖然想唱卻不會唱。抱持著這樣的兩難，從事團體活動至今的吉澤小姐，正因為不拿手，所以才想要克服，這是她帶著如此心願、以中心之位所演唱的歌曲」。

然後，我在拿到曲子後紮實地練習一個月以上，然後進行錄音。

這個過程被拍成紀錄片，計畫在節目上播放。

到了錄影那一天。在節目開始之初對我公開說教的製作人來找我。

「真抱歉，我不知道吉澤小姐這麼努力，還說了那樣的話。」

他為四年多前對我做的事道歉。

我真的很難為情，眼淚也不禁流了下來。

小由真

那個時候，已經決定惠比壽麝香葡萄將要解散了。

二〇一三年的一月十七日，我們前往新加坡進行現場演出。

那時，我和小由真（麻美由真）在飯店是住同一個房間。

「總覺得最近小腹凸出來了，不知道是怎麼了。」

她這麼說，然後露出肚子給我看。

但我沒想到那會是如此嚴重的疾病徵兆。

回國後，時間來到二月，為了拍攝最後的歌曲「ABAYO」的PV，成員們又聚集在一起。

我去洗手間時遇到了小由真。她臉色蒼白、整個人無精打采的。因為她眼眶泛淚，於是我便向她搭話：「妳怎麼了？」那一瞬間——

「明步，我沒辦法對妳隱瞞，所以我要說囉。我接受了檢查，結果是惡性。還不知道會變怎樣。」

她接受了境界惡性卵巢瘤（卵巢癌）的診斷。

我沒想到事情會變成這樣，在新加坡時沒能對她說：「趕緊去醫院檢查。」讓我覺得自己很沒用，也很懊悔。明明我以前念的是護理專門學校，為什麼沒有更加設身處地聽她說呢？

二月二十五日，小由真她接受了子宮及卵巢的全切除手術。此外，由於也確認病灶有轉移到直腸，所以也接受了抗癌藥物的治療。

雖然我想給予幫助，但我想不到自己到底能做什麼。

即使有和她互傳郵件閒聊，可是如果直接見到面的話，我可能會哭出來，所以我無法前去探望。

手術後才過了一個月，小由真就站上了惠比壽麝香葡萄解散演唱會「女人的花道」（女の花道。於舞濱圓形劇場舉辦）的舞台。

她在體力方面應該很勉強。即使是這樣，小由真的笑容卻比任何人都還要燦爛，我重新了解到，她果然是惠比壽麝香葡萄不可缺少的一員。

最近她精力充沛地進行現場表演活動，也在其他藝人的現場演出中擔綱特別來賓，看起來非常忙碌呢。

我非常喜歡小由真唱歌的模樣，她的聲音也很有魅力，令我從以前就很嚮往。藉由戰勝強大的病魔，我覺得小由真能傳達一些唯有她才能傳達的訊息。小由真的個人出道曲「Re Start～通往明天～」（Re Start～明日へ～）是一首我絕對要推薦的好歌。

我也有在她的現場表演中擔任特別來賓演出過。實在是非常開心。今後，我希望自己能永遠和她在公私兩方面都維持著很棒的感情，對我來說，小由真是個非常重要的人。

解散

簡直是晴天霹靂。

我的中心曲「逆行♡偶像」是在二〇一二年年底進行宣傳巡迴演出。就在活動最終日的時候，發表了節目即將結束以及惠比壽麝香葡萄解散的消息。

節目最終回是二〇一三年的三月三十日，而現場告別演出則是同年的四月六日、七日。

不管哪個成員都完全不曉得這件事。

惠比壽麝香葡萄非常團結，現場演出時的氣氛也相當熱鬧喧囂，就在我們的感情一天比一天變得更加濃密時，所有的成員就要迎接畢業了。

不過，聽說企劃本身實際上赤字連連。雖然來看表演的進場人數也不錯，商品也很暢銷，不過果然因為團員人數眾多，或許經費開銷大大超過了利潤。

所有的成員都相當震驚。

至今度過的每一段日子，並非只有開心的記憶。

惠比壽麝香葡萄相互切磋琢磨的時間，此刻也迎接了終局。

有寂寞的心情，也有總算看到終點，內心鬆了一口氣的心情。

我們第一期生因為整整參與了五年，所以滿足感還很強烈。不過，成員之中也有才剛加入的女孩子，才正要開始，就即將解散了，我想那些女孩們或許會感到很不甘心。

在舞濱的最後演唱會，我第一次想讓父母看看我工作時的模樣，於是邀請了他們。

雖然母親有到現場來，不過在她身旁並沒有看到父親的身影。

後記

二〇一八年十月一日午夜〇時——

《一直以來支持我的各位，
有件突如其來的事要向大家報告，
2019年3月底，我將從AV畢業。》

我和事務所商量好後，決定要在這一天發表引退宣言。
我預先設定好，在日期變更的同時部落格就會自動更新。
前一天的九月三十日，我還一如往常地在秋葉原舉辦簽名會。
看到各位粉絲的臉，我內心動搖了。能和粉絲直接接觸的時間，對我來說是任何東西都不能代替的。引退之後，這些時間也會消失……
就這樣發表引退真的好嗎？

實際上，當惠比壽麝香葡萄的活動結束後，我一度考慮過引退。之後因為AV出道十週年這個階段即將到來，雖然並非身心耗盡症候群，不過我隱隱約約覺得：「這或許是從 AV 業界引退的時機。」

粉絲同樣也會經常問我：「妳會不會引退？」從正面的意義來看，我背叛了自己的念頭，振奮地說：「我想持續展開活動」。

這時也得到了新的寫真集等工作，讓我覺得還是有人需要我，因此總算打消念頭，繼續努力。

然後，十五週年也過了，接下來的目標將會是二十週年。雖然那的確是很厲害的里程碑，不過我覺得已經無法繼續保持幹勁了。

身為 AV 女優，我已經是走投無路的心境。

有個在拍攝現場第一次合作的年輕男優曾對我說：「我一直看妳拍的片。我是妳的超級粉絲。今天我超開心的。」這讓我體會到自己走過的歲月有多漫長。我察覺到自己身處 AV 業界的立場，已經和自己的感覺有所偏移了。

以極度刺激為優先，令我難以接受的類型作品提案也變多了。但我不想打破堅守的 NG 原則。

我還做得到。可是，肯定又會因此煩惱。

日期改變的瞬間——感覺自己忽然從夢中醒來。

因為我和兩家片商簽約，所以引退作品也會有兩部。

在S1的《THE FINAL 吉澤明步 AV引退》（THE FINAL 吉沢明步 AV引退），附有在北海道函館的超長專訪特典影像。

以百萬夜景為背景來回答問題的形式，回顧這十六年的歷程。

回憶接連不斷地湧現，在拍攝的尾聲，我收到了男優和工作人員的信以及禮物，因為覺得自己已經不會與他們相見了，於是淚水潰堤到無法停歇。

在Maxing的《AV完全引退～FINAL SEX～吉澤明步》（AV完全引退～FINAL SEX～吉沢明步）中，基於至今沒嘗試過的事這個理由，於是我第一次挑戰「白板」（剃毛）。

就我個人的感想來說，大概是「有陰毛的話感覺比較色情」吧？

我是這樣認為的。然後，首次挑戰白板的纏綿，是和兩名男優進行的3P。

因為那真的是最後的AV性愛，所以結束之後，我也沉浸在不可思議的感慨中，「這樣一來，今後已經沒有3P的機會了吧？」

吉澤明步的年收入最高可達五千萬日圓。這個消息很理所當然似地在網路上流傳著。

起因是一個北海道的電視節目。節目流程是在懲罰遊戲中必須說出自己的年收入，那是有種誘導性感覺的問題，明明是問我「那麼，大概是五千萬日圓左右嗎？」我一邊沉吟，一邊說出「是的」。

於是這段過程就在網路上被報導了，其他節目也跟著引用，然後就以這種感覺傳開了。實際上並沒那麼多，雖不中亦不遠矣，不過其實還不到這個數字。

嗯，這樣的金額，雖然對於往後想從事AV工作的女孩而言，我覺得能懷抱個夢想也不錯，但是我並不希望大家覺得這一行的錢很好賺。

我的工作真的是忙碌到沒時間休息。

不只是AV，還有V-cinema、電視、寫真照、各種活動……

現在就算我想要工作，大概也沒有那麼多工作可接了吧？

首先，最主要的收入來源是AV，不過因為我是和兩家片商簽有合約，所以和只跟一家片商簽專屬契約相比，很單純地就變成兩倍。

V-cinema和電視的通告費並不算多，不過脫口秀或海外的活動的場合，就能拿到相當豐厚的收入。

包括這些在內，在我工作最多的時候，大概就是這個數目左右。

我成為AV女優時，正好處在從VHS錄影帶轉移到DVD的過渡期，販售「東西」的基礎還很穩固。

而轉眼之間就變成網路下載、定額無限收看的訂閱時代，因此廠商不得不薄利多銷，據說簽約金的行情和以前相比已經跌落到一半以下。

即使如此，握有簽約金這份保障的單體女優仍是比較幸運的。像是完全抽成的企劃片女性等演出者，也有較為划算、宛如領日薪似的打工型工作。

我們單體女優拍攝AV作品是一個月兩天，頂多四天。

但是，有需求的企劃片女性演出者，一個月得要拍超過二十天。

而且，也不像我們會獲得粉絲的支持，反而因為想要隱瞞周遭的人，精神方面的耗損想必相當嚴重。

二〇一六年，「強迫演出」AV也成為一個社會問題。

以此為契機，設置了專業委員會，AV業界的演出費用也因此變得更透明。

在我引退的時候，拍攝當天所簽名的書面承諾上，也開始標明「總演出費」。也就是說，能藉此清楚地了解事務所的應得份額。

雖然之前並沒有意識到，不過感覺現實就這麼突然擺在自己眼前。

也許是因為過往我害怕去判斷自己的演出費到底是多是少。因為從事務所拿到了充分的酬勞，幸好我也沒有思考太多，不過像這樣確實把金額數字標示出來後，我也不得不意識到。

這就是自己的價錢。

就像我以飯島愛小姐為首，從許多 AV 女優前輩的背影獲得了勇氣，因而投入了這個業界，或許也會有女孩子像這樣跟隨我的腳步。

我想在尾聲的階段送上建議。

我覺得 AV 真的是一種很特殊的工作。

如果只是單論觀賞 AV 影片這件事，我認為有很多人、特別是男性都頗好此道，但要是在 AV 作品裡出現的女優就是自己身邊的人，會因此抱持負面觀感的人也會多得驚人。像是家人、親戚、朋友……

當然，AV女優不是犯罪者，因此沒有躲躲藏藏的必要。不過，若是想獲得作為一個女人應有的「平凡的幸福」，我覺得會非常困難。所謂平凡的幸福，就是談戀愛、結婚、建立家庭、孕育孩子，成為母親。

和我成為AV女優的十六年前相比，感覺AV的形象在現在的社會上已經變得相當開放。其中惠比壽麝香葡萄的存在或許也帶來了影響。

然而，社會的譴責仍然非常猛烈。人們還是會在背後指指點點。

同樣身為AV女優，我曾看過精神崩壞的人、也曾看過異常地沉迷於整形的女性。網路上的評論，都會隨意寫下如果她的眼睛再大一點就好了、鼻子再高一點就好了。若是開始在意起這些，就會沒完沒了的。

另外，描繪性愛這回事，也等於是在刨挖人的精神層面。

有些導演會讓人覺得是真正的虐待狂。這種導演會假借演出的名義，認真地想讓AV女優的精神崩壞。

雖然完全沒必要反擊，不過若是不能察覺這種人的想法，也沒有強大到能保護自身的女性，奉勸各位最好不要就此踏入AV業界。

私生活中的戀愛也是如此。就算表示能理解這份工作，即使以為能因為愛情而走入婚姻，實際上內心的狀況有時並不安穩。

我從拍攝現場回來時，男友曾對我說：

「妳是不是覺得被我抱過，就能變乾淨？」

言下之意，從事 AV 工作的我，身體是骯髒的。

並且，只要和他做愛，就能因此淨化。

就某方面來說，我過於相信對方的心情了。

我以為他能接受我的全部。

但無法承受的男性一定很多吧？

即使如此，如果各位還是想當 AV 女優，就要挑選可靠的事務所。

雖然算是偶然，但是我遇到了很不錯的事務所、社長、經紀人，因此才能獲得這番成就。

並且，也需要覺悟。

需要無論發生任何事，都能保有自我的強大心靈。

如果要從事這一行，希望妳能抱著要刷新我的紀錄的想法。

我在這十六年內，也許是在作夢吧。

我不知道這場夢究竟算長還是算短？直到現在還不曉得……

從夢中醒來的我，必須走上新的道路。

面對一切，不逃避、也不放棄，朝著更高的目標持續奔馳的熱情，這次是為了傾注在並非AV女優的「第二人生」……

TITLE

單體女優　獻給 AV 的 16 年

STAFF

出版　瑞昇文化事業股份有限公司
作者　吉澤明步
譯者　蘇聖翔

總編輯　郭湘齡
責任編輯　徐承義
文字編輯　蕭妤秦　張聿雯
美術編輯　許菩真
排版　許菩真
製版　明宏彩色照相製版有限公司
印刷　桂林彩色印刷股份有限公司
　　　綋億彩色印刷有限公司
法律顧問　立勤國際法律事務所　黃沛聲律師

戶名　瑞昇文化事業股份有限公司
劃撥帳號　19598343
地址　新北市中和區景平路464巷2弄1-4號
電話　(02)2945-3191
傳真　(02)2945-3190
網址　www.rising-books.com.tw
Mail　deepblue@rising-books.com.tw

初版日期　2020年7月
定價　380元

ORIGINAL JAPANESE EDITION STAFF

プロデュース　新堂冬樹
ブックデザイン　勝浦悠介
写真　中山雅文
構成　常盤 準

國家圖書館出版品預行編目資料

單體女優：獻給AV的16年 / 吉澤明步作
；蘇聖翔譯. -- 初版. -- 新北市：瑞昇文
化, 2020.07
272面；　12.8 x 18.8公分
ISBN 978-986-401-432-3(平裝)

1.吉澤明步 2.演員 3.自傳 4.日本

783.18　　109009218